お詫びと訂正

平素は弊派出版物に対し多大なるご厚情を賜りまして、誠にありがとうございます。

『本願寺の軌跡―創建から東西分派、そして現代へ―』につきまして、本文中に下記のとおり誤りがございました。訂正して、お詫びいたします。

二〇二一（令和三）年十二月　東本願寺出版

『本願寺の軌跡―創建から東西分派、そして現代へ―』正誤表

頁	段	行	誤	正
29	上段	9（小見出）	三代伝持の血脈《けつみゃく》	三代伝持の血脈《けちみゃく》
54	上段	5	証誠寺（山本派本山）	証誠寺（山元派本山）
54	上段	10	錦織寺（木部派本山）	錦織寺（木辺派本山）

草野顕之

本願寺の軌跡《ものがたり》

―創建から東西分派、そして現代へ―

東本願寺出版

親鸞聖人「安城御影《あんじょうのごえい》」（東本願寺蔵）

1255（建長 7）年、83 歳の時の親鸞聖人を描いた画。
三河国（愛知県）の安城に伝わったことから、「安城御影」と呼ばれる。

目次

はじめに

浄土真宗の宗祖《しゅうそ》・親鸞聖人《しんらんしょうにん》の示寂《じじゃく》の後、京都の東山に小さな御墓所《おはかどころ》である「大谷廟堂《おおたにびょうどう》」が建てられました。このお堂こそが、本願寺の起源なのです。その大谷廟堂が、どのような経緯で「本願寺」になり、なぜ東西本願寺へと分かれ、現在へ至ったのでしょうか。本書では、本願寺の始まりである大谷廟堂の創建から、長い年月の中、幾多の変遷を経て生じた分派の流れをたどり、特に現在の東本願寺へと発展する軌跡を訪ねていきます。

東本願寺は、正式な名称を「真宗本廟《しんしゅうほんびょう》」といいます。真宗本廟とは、親鸞聖人の御真影《ごしんねい》（木像）を安置する御影堂《ごえいどう》および本尊・阿弥陀如来《あみだにょらい》を安置する阿弥陀堂《あみだどう》を中心とする聖域であり、真宗大谷派の崇敬《そうきょう》の中心、また教法宣布《きょうぼうせんぷ》の根本道場です。それを真宗本廟と称する

のは、真宗を開顕《かいけん》された親鸞聖人の御墓所である大谷廟堂を起源とするからであり、聖人の御真影の前で教えを聞きあう根本の道場という意味があるからです。

真宗本廟（東本願寺）が現在のように巨大な両堂と、広大な寺地を有するに至るのには、長い年月にわたってこの本廟を護り、教えを相続することに努められた先人達のご苦労と、真宗本廟に対する崇敬の懇念《こんねん》があったのです。

廟堂の創建に始まり、衰微《すいび》時代を経て蓮如上人《れんにょしょうにん》の再興《さいこう》、さらに戦国乱世に巻き込まれ、織田信長《おだのぶなが》や豊臣《とよとみ》秀吉《ひでよし》、徳川家康《とくがわいえやす》などの名だたる武将との関わりの中で生じた東西分派、そして江戸時代から明治にかけての四度の火災による焼失と再建《さいこん》……。これらどれ一つとっても、そこには真宗に生きた人々の教えを伝えんとする志願が流れています。これからご一緒に、その歴史と伝統の物語をひも解いていきましょう。

第1章

親《しん》鸞《らん》聖《しょう》人《にん》の示《じ》寂《じゃく》と大《おお》谷《たに》廟《びょう》堂《どう》の創建

親鸞聖人の示寂

親鸞聖人は、1262（弘長2）年11月28日に90年の生涯を閉じられました。その経緯については、曽《ひ》孫《まご》の本願寺第3代覚如《かくにょ》上人による親鸞聖人の生涯を描いた絵巻物『親鸞伝絵《でんね》』（『御伝鈔《ごでんしょう》』）に詳しく記されています。そこには、〝聖人は弘長2年11月下旬の頃から少し病気気味になられ、それより後は、世俗のことは口にせず、ただ仏恩《ぶっとん》の深いことのみを述べられました。他の言葉を声に出されることはなく、専《もっぱ》ら称名《しょうみょう》念仏の絶《た》えることはありませんでした。そして同月28日の午時、頭北面西右脇《ずほくめんさいうきょう》に臥《ふ》されて、ついに念仏の息が絶えられた〟と叙述されています。極めて穏やかな最期でありました。

そして葬送については、お住いは京都左京のあたりの、押小路《おしこうじ》南・万里小路《までのこうじ》東にありましたから、そこから遠く賀茂河東《かとう》の路を通って、京都の東山の麓《ふもと》・鳥部野《とりべの》の延仁寺《えんにんじ》という所で荼毘《だび》に付されたのであります。この鳥部野とは、当時の京都の葬送地として著名な場所で、京都の東山、現在の清水寺から西大谷（大谷本廟《おおたにほんびょう》）の付近を指しています。ただ、延仁寺という場所は詳《つまび》らかではありません。

荼毘に付され収骨《しゅうこつ》された聖人のご遺骨は、同じ鳥

聖人示寂の図「本願寺聖人伝絵（康永本）」（東本願寺蔵）

聖人荼毘の図「本願寺聖人伝絵（康永本）」（東本願寺蔵）

部野の北のはずれの大谷という所に納められました。大谷という地名は残っていませんが、現在の知恩院《ちおんいん》の敷地付近に相当するようであります。当初は一般的な墓のように、墓標として四角の石柱に笠をのせた笠塔婆《かさとうば》が建てられ、その回りを垣で囲うという簡素なものでありました。

親鸞墓所の図「本願寺聖人親鸞伝絵（弘願本）」（東本願寺蔵）

大谷廟堂の創立

ところが10年後の１２７２（文永９）年の冬の頃に、この墳墓《ふんぼ》が改葬されました。当初の墓所からもう少し西の吉水《よしみず》の北のはずれに遺骨を掘り移し、仏堂を建てて親鸞聖人の影像《えいぞう》（御真影《ごしんねい》）を安置しました。この堂が「大谷廟堂」と呼ばれたのです。場所は現在

大谷本願寺故地（崇泰院）

の知恩院の三門のやや北方、崇泰院《そうたいいん》の場所に当たり、現在そこには「大谷本願寺故地《こち》」と刻まれた石柱が建てられています。

この大谷廟堂は、聖人の最期をみとった末娘の覚《かく》信尼《しんに》夫妻と、聖人の関東門弟の協力によって建てられたものであります。すなわち、廟堂の敷地は覚信尼の後夫である小野宮禅念《おののみやぜんねん》が提供したものであり、建物や安置された親鸞聖人影像は、関東門弟が拠出した費用で賄《まかな》われたようであります。この大谷廟堂こそが、東西本願寺の源流なのです。

この大谷廟堂の様子は、『親鸞伝絵』に詳しく描かれていますが、六角形をした堂のなかに親鸞聖人の影像が安置されて簡素な荘厳《しょうごん》がなされています。その堂の回りには回廊《かいろう》が巡らされていましたが、『親鸞伝絵』の一本である『本願寺聖人親鸞伝絵』（弘願本《ぐがんぼん》）によると、その回廊には畳が敷かれ、多くの僧尼や俗人、また子ども等が着席して、聖人の影像を礼拝《らいはい》している姿が描かれています。おそらくは、親鸞聖人の命日に大谷廟堂に参詣《さんけい》した門弟等の姿を描いたものでありましょう。

こうして、覚信尼夫妻と親鸞聖人の関東門弟等の協力によって創建された大谷廟堂は、覚信尼夫妻が留守を預り、折々に関東門弟が訪ずれることで、親鸞聖人の廟堂（御影堂）として崇敬されていきました。

ところが、廟堂敷地の持ち主であった覚信尼の後夫小野宮禅念は、１２７４（文永11）年にこの土地を妻の覚信尼に譲って、翌年没してしまいます。その譲《ゆずり》状《じょう》が残されていますが、それによると、この廟堂敷地を「一名房《いちみょうぼう》」に譲るか譲らないかは、覚信尼の心次第であると書かれていることに注意されます。

この一名房とは、小野宮禅念と覚信尼との間に生まれた子で、名を唯善《ゆいぜん》といいました。１２６６（文永3）年の生まれで、父禅念が覚信尼に敷地を譲った時には、まだ9歳でありました。その唯善にこの敷地を譲るか譲らないかは、覚信尼の心次第であるとの微妙な言い回しをしているのには理由があります。それは、覚信尼には前夫日野広綱《ひのひろつな》との間に長子覚恵《かくえ》がいたからであります。覚恵は１２３９（延応元）

年の生まれで、唯善より27歳も年上であり、すでに壮年に達していました。小野宮禅念にとっては、覚信尼が敷地をこの長子覚恵に譲ることを妨げないために、このような言葉を書き入れたに相違ありません。

覚信尼の敷地寄進

こうして小野宮禅念から廟堂敷地を譲られた覚信尼は、この地の行く末を慎重に考えて、禅念没後2年経った1277（建治3）年に、唯善にも覚恵にも譲らず寄進することとしました。その寄進状は、宛先が「しんらん上人のゐなかの御てしたちの御なかへ（親鸞聖人の関東の門弟の皆様へ）」とありますから、親鸞聖人の関東門弟に宛てられていたことは明らかであります。さらに、その本文から、最初に下総国《しもうさのくに》（千葉県）佐島《さしま》の常念房《じょうねんぼう》に、次いで下野国《しもつけ》（栃木県）高田の顕智房《けんちぼう》と常陸国《ひたち》（茨城県）布川《ふかわ》の教念房《きょうねんぼう》とに、さらに3年後の1280（弘安3）年にも、重ねて「しんらん上人のゐ中の御てしの御中」宛てで記されていて、都合3回出されたことがわかります。

覚信尼御影（新潟県上越市福因寺蔵）

従来は、この宛先が親鸞聖人の関東門弟であることから、覚信尼は廟堂敷地を関東の門弟に寄進したのであると理解されてきました。しかし、近年では別の有力な考えが現れて、検討を要するようになりました。

それは、当時の寄進状や譲状や土地売券（土地売却証文）などは、その相手の名前を宛先ではなく本文

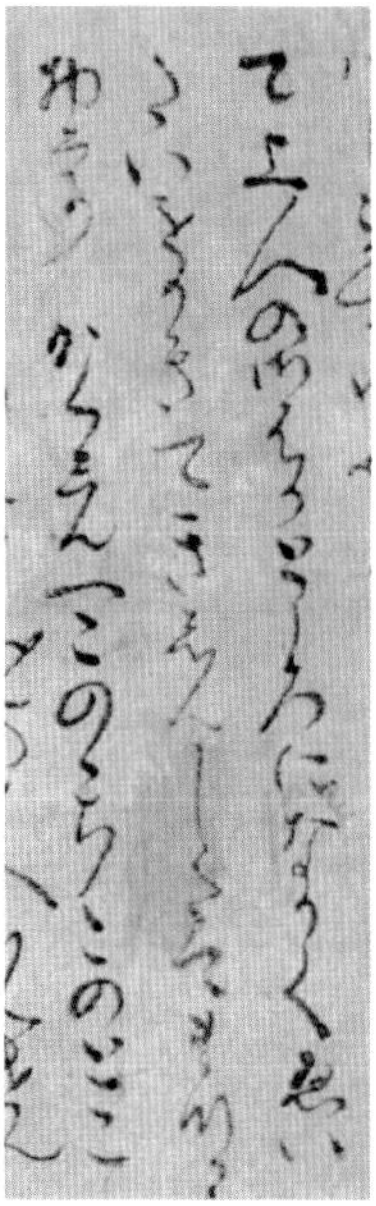

（部分）

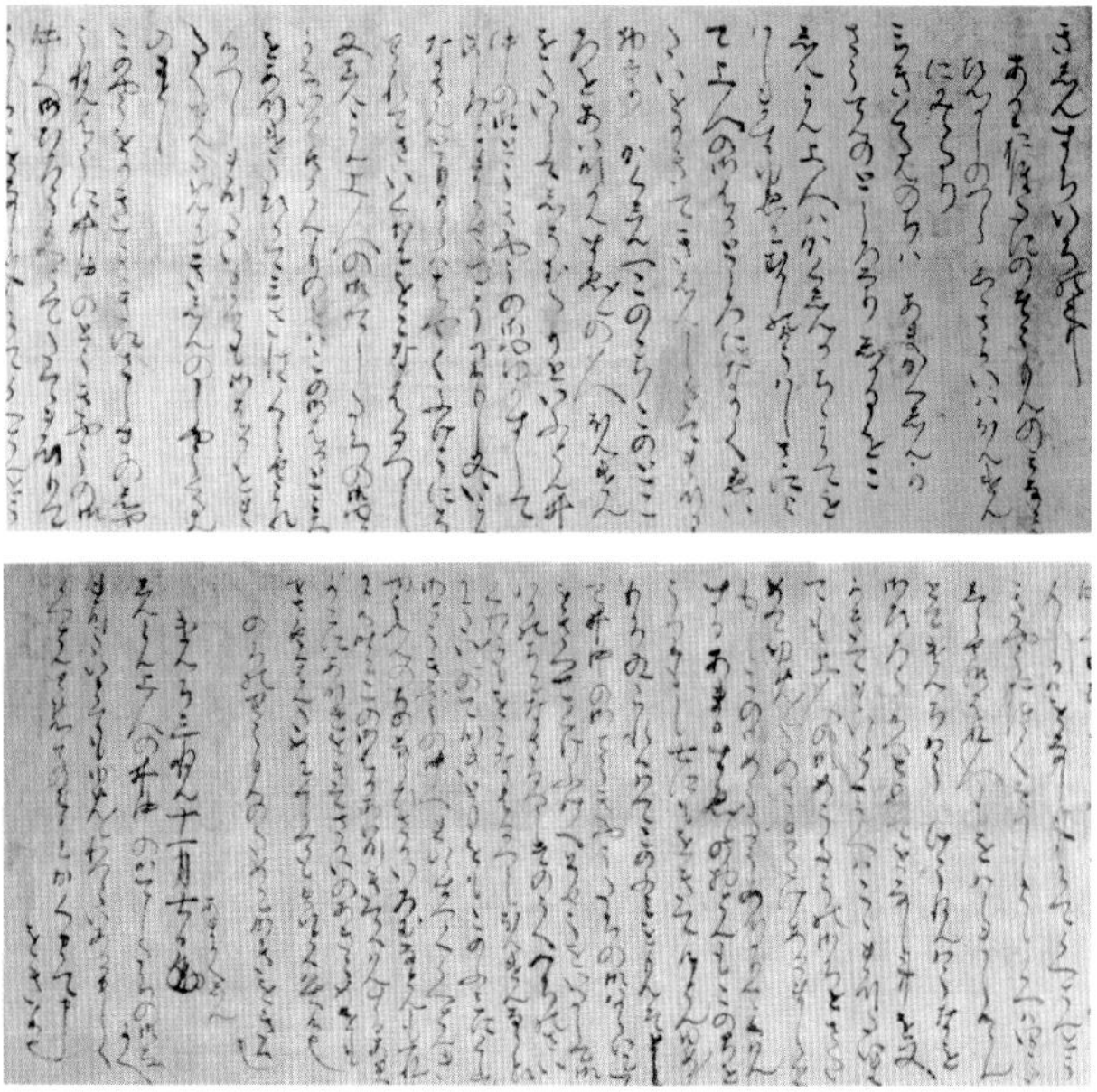

覚信尼寄進状（専修寺蔵）

中に記すのが正式でありますが、覚信尼の寄進状には本文中に「上人の御はかところに、なかくゑいたいをかきて、きしんしたてまつる物なり（聖人の御墓所に、永久に寄進いたすものです）」と明記されています。したがって、寄進先は「御墓所」つまり大谷廟堂であるという考え方であります。

それでは、寄進状の宛先が関東門弟とされたのはなぜかといえば、それは大谷廟堂に敷地を寄進した事実を知らせた先が関東門弟であったというのであります。なるほど、当時の慣習を踏まえればそう考えることが妥当でありますし、また、後に覚信尼から大谷廟堂の留守を任される覚恵の譲状には「親鸞上人の御影堂の敷地等の事、故尼御前亡母覚信御影堂に寄進せられて、年久しくなりぬ」と明らかに大谷廟堂（御影堂）が寄進先であったと書かれてもいます。こうした事実から、覚信尼が廟堂敷地を寄進したのは「大谷廟堂」にであったと考えたいと思います。

覚信尼の寄進の意図

それでは、覚信尼が大谷廟堂の敷地を廟堂そのものに寄進したことの意図はどこにあったのでしょうか。それを明らかにするには、日本中世の土地に対する人々の考え方がどうであったのかを知る必要があります。

近年の日本中世史研究においては、寄進や売却などによって、土地が移動した時に働く、人々の観念や意識に注意が向けられています。すなわち、日本の中世においては、土地が所属を変えた時、その後、その土地に対して、二つの力が働くと言われています。一つは今の所属に留まろうとする力、いま一つはもとの所属に復帰しようとする力であります。ここで力というのは、人々の観念や意識と考えられます。

中世の土地の寄進状や売券などには、しばしば「地発《じおこし》」とか「地興《じおこし》」という言葉が見られます。それは、たとえ「地発」があったとしても、寄進人や売り手は土地を取り戻すことは出来ない、というような言い方として見られます。また、「天下《てんか》一同《いちどう》の徳政《とくせい》により、地興の沙汰《さた》有りといえども、改動《かいどう》有るべからず（一国中に徳政令が出されて、地興が起こっても、（所有者が）変更することはない）」と書かれた土地売券もあることから、この「地発」とは徳政令（売ったり質入れした土地を無償で返却させる法令）によって発動する力（人々の観念や意識）であったといわれます。つまり、「地発」が発動すると土地は、もとの持ち主の手に戻ってくるというのであります。

こうした観念や意識が成立した理由については、土地というものは開発されることで生命を与えられますので、その開発者やその子孫に相伝される限り生きていますが、質入れや売却などで開発者や子孫から分離されますと、仮死状態になります。それを、再び開発者やその子孫に返還して息を吹き返させる（おこす）という意味で、地発とか地興と呼ばれたと説明されるのです。

ところが、この土地がもとの持ち主に戻ろうとする力が働かない場合がありました。それが、「仏に

大谷廟堂の図「本願寺聖人親鸞伝絵（弘願本）」（東本願寺蔵）

寄進された土地は人が取り戻すことはできない」という「仏陀法《ぶっだほう》」といわれる慣習法であります。

覚信尼が大谷廟堂の敷地を墓所（廟堂自身）に寄進したとすれば、その土地は以後私有地に戻ることはなく、親鸞聖人の廟堂（御影堂）として永久に保全されることとなります。これは、覚信尼寄進状の本文中に、「永久に親鸞聖人の廟堂の土地と定めて、絶対に妨げられてはならない」と記されている、覚信尼の願いともよく合致するのであります。

第2章
大谷廟堂の動揺

覚信尼の寄進と大谷一族

覚信尼が大谷廟堂の敷地を廟堂そのものへ寄進したことにより、この土地は永久に廟堂の敷地として保全されることになりました。ただし、覚信尼が寄進の事実を親鸞聖人の関東の門弟に3度にわたって知らせたのは、廟堂やそこに安置された親鸞聖人の影像（御真影）が関東門弟によって創建されていたからでありましょう。

覚信尼の寄進状には、そうした事実をふまえて、「敷地に建つ大谷廟堂を預かっていく私の子孫が、この土地を売ったり質に入れたりしても、それを尊重せず、この文書（寄進状）を証拠として公家《くげ》や武家に訴訟を起こし、この土地を親鸞聖人の御墓の地にしてください」と、関東門弟に廟堂の保全を依頼しています。この寄進状が、関東門弟にとって大谷廟堂の地を管領《かんりょう》する根拠となったのであります。

では、覚信尼やその子孫が廟堂を預かるという仕事の内容を、覚信尼はどう表現していたのでしょうか。寄進状には「親鸞聖人の御弟子たちの御心に叶いて候わんものをば、この御墓所《おはかどころ》を預けたび候て、み捌《さば》くらせられ候べし」と書いてあります。すなわち、「親鸞聖人の御弟子達の心に叶った者に、この墓所を預けられて廟堂を捌かせてくださいというのです。ここでいう「捌く」という言い方は、現代的にいえば、「処理をする」というほどの意であります。そして、その「捌く」具体的内容については、「本巻ならびに代々の手継どもをも、この文に具して、御同行の中へ参らすべく候えども、京辺の地の習い、境論なども常に候時に、この御墓あい継ぎて候わんずる尼が子に預けおきて、境の明きらめをもせさせ候」とありますように、寄進状や廟堂敷地の証文類は、関東の同行へ渡すべきではありますが、京都という土地のことですから、境相論《さかいそうろん》（土地の境界をめぐる争い）などが起こった時に、私の子どもに預けておいて、境界線を明らかにさせたい、というように、証文を預かる自分の子孫の役割を説明しています。

すなわち、関東門弟は京都から遠く隔《へだ》たったところに住んでいますから、彼らにかわって廟堂敷地の現地における管理を、私の子孫にやらせますと言っているのです。

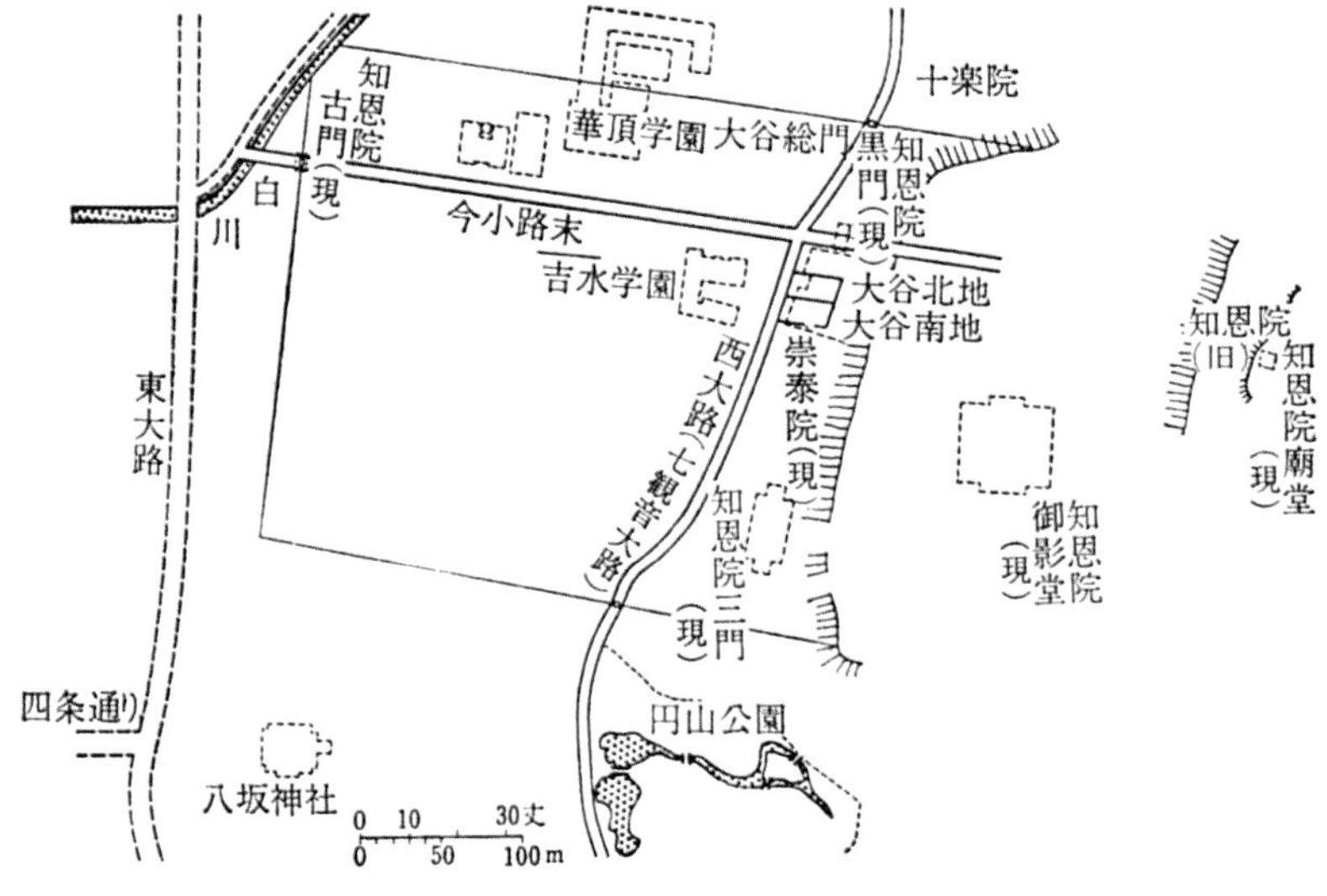

大谷廟堂故地（北地）と南地の推定図（福山敏男氏作成）

覚恵への譲りと唯善

こうして大谷廟堂の保全と、関東門弟及び大谷一族の廟堂への関与のあり方を定めた覚信尼は、死期の近まった１２８３（弘安６）年に、自身が担っていた大谷廟堂を預かる（＝管理する）という仕事を、長男の覚恵に譲ることを関東門弟に伝えます。その文書は「覚信尼最後状」と呼ばれているように、遺言状とも言うべきものでした。そこには「この聖人の御墓の御沙汰《ごさた》をば、専証房《せんしょうぼう》に申し置き候なり」と明瞭に書かれています。「専証房」とは覚信尼の長男・覚恵の房号ですから、大谷廟堂を「沙汰」する仕事を覚恵に言い置きました、との意味になります。

〔略系図〕

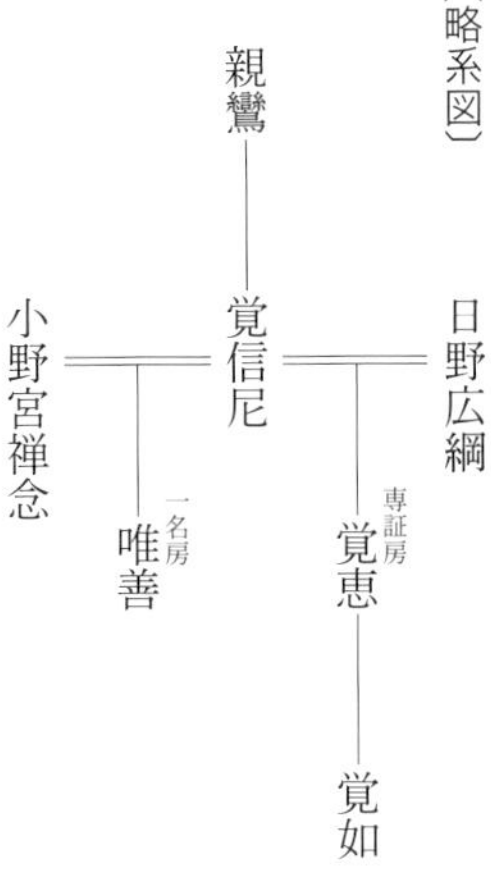

覚信尼は大谷廟堂に関する、自分の子孫達（大谷一族）の仕事を、先の寄進状では「捌く」と、この「最後状」では「沙汰」と表現していますが、これらは等しく、「処理をする」というほどの意味で、先ほど見たように具体的には境相論などが起こった時への対応を言っています。こうして、大谷廟堂を預かるという仕事は覚信尼の長男である覚恵に引き継がれました。

これによって、大谷廟堂は親鸞聖人の廟所として安定的に保全されたのかと言えば、そうではありませんでした。すなわち、覚恵と父の違う年の離れた弟である唯善が、覚恵の継職に異議を唱えたのです。

唯善は、最初、修験道を志して御室《おむろ》の仁和寺《にんなじ》相応院で修行していました。守助僧正《しゅじょそうじょう》の門弟であったと言います。しかし、いつ頃からか関東に下り、河和田《かわわだ》の唯円《ゆいえん》のもとに身を寄せていました。この唯円は、『歎異抄《たんにしょう》』を著したことでよく知られています。関東での唯善は生活が困窮していたため、異父兄である覚恵が京都に呼び寄せ、大谷廟堂の敷地に南接する土地を買得して、そこに住まわせました。

唯善事件

覚恵と唯善が隣りあって住まいし始めたのは、1296（永仁4）年でしたが、それから数年経った1301（正安3）年、唯善は次のような言上状《ごんじょうじょう》（何事かを申し上げる書状）を院政《いんせい》を敷く後宇多院《ごうだいん》に提出して、自身が大谷廟堂を管領すべき事を訴えました。すなわち、「親鸞聖人の墓所である大谷廟堂は、聖人がお亡くなりになった時に、私の父である小野宮禅念が関東の門弟と協力して、御堂を建て聖人の影像を安置したものです。私唯善は、禅念のただ一人の子どもですから、父から敷地と廟堂とを相伝いたしました。その譲状もあります。ところが、源伊律《げんいりっ》師《し》という無関係の者がこの土地を無理に望んでいますので、永く管領できるように、私の土地であると承認する院宣《いんぜん》を頂戴したい」というものでした。

これに対して院は、一旦は唯善の主張を認める院

覚如誕生『慕帰絵（部分）』（西本願寺蔵）［右の部屋にいる中央の僧が覚恵か］

宣を出したもようです。しかし、それをいち早く聞きつけた関東門弟の一人長井道信が、覚恵にそれを伝えたため、覚恵は急いで覚信尼の寄進状など廟堂敷地の関係文書をもって各所を廻《めぐ》り、禅念の譲状は偽物であること、覚信尼は廟堂に敷地を寄進し、その管領を関東門弟に託したことなどを述べて、唯善の管領を認めた院宣を否定する院宣を、ようやく獲得したのであります。これを「正安の院宣」と言います。

　しかし、これによって唯善の行動が収まったかといえば、そうではありませんでした。1306（徳治元）年になると、唯善は病臥《びょうが》している覚恵に大谷廟堂の鍵を渡すように強要したため、覚恵はたまらず妻の父・教仏《きょうぶつ》の住房《じゅうぼう》である二条《にじょう》朱雀《すざく》の衣服寺《えぶくじ》に逃れ、心労からか翌年没してしまいます。こうして大谷廟堂の回復は、覚恵の長男である覚如上人に託されることとなりました。

　覚如上人は関東や奥州《おうしゅう》（福島・宮城・岩手・青森県）を巡って、親鸞聖人の関東門弟等を訪ね、廟堂回

覚如と唯善の対面『慕帰絵（部分）』（西本願寺蔵）［畳の上に座っている、左の白い法衣姿が覚如、右が唯善］

復に協力してくれるように訴えました。そこで1308（延慶元）年、関東門弟の有力者の使者3名が裁判費用をもって上洛し、覚如上人に廟堂と敷地の回復に動き出すよう指示しました。覚如上人は、まず当時京都中の警察権を持っていた検非違使庁《けびいしちょう》という役所から、従来通り関東門弟の管領を認めるという長官（別当《べっとう》）の文書（別当宣《せん》）を獲得し、さらにそれを追認する伏見院の院宣をも獲得して、これでもって一件落着するかと思われました。

ところが、唯善は他のやり方を模索します。大谷廟堂の敷地は、もともと妙香院《みょうこういん》領《りょう》法楽寺《ほうらくじ》の敷地のなかにありましたから、妙香院門跡《もんぜき》（皇族・摂家子息などの出家入寺する寺院）を兼務していた青蓮院《しょうれんいん》門跡がこの問題を裁くべきであるとの言質を青蓮院から引き出したのです。覚如上人や関東門弟等は驚きますが、やむなく翌1309（延慶2）年の7月上旬、双方青蓮院に出頭して、それぞれの言い分を青蓮院の訴訟担当者に説明しました。その後、審議を経て、覚如上人と関東門弟等は、正安の院宣、検非違使庁の別当宣、さらには伏見院の院宣をも持っていることから、その言い分が正しいという判決が出ます。敗訴が決まった唯善は、大谷廟堂にあった親鸞影像と御骨とを持って鎌倉に逐電《ちくでん》し、常盤《ときわ》というところに安置したところ、関東の門弟等が多く参詣に訪れたといいます。

この唯善の御堂が建てられていたという神奈川県鎌倉市常盤には、いまでも「一向堂《いっこうどう》」という地名が残されていて、当時を偲《しの》ばせています。

唯善の行動の背景

以上に見てきた唯善の行動は、従来、唯善の「野望」であるとか「策謀」であるとか、かなり非難がましい評価を受けてきました。しかし、それは本当でありましょうか。といいますのも、関東の親鸞門弟の名を列挙した『親鸞聖人惣御門弟等交名《そうごもんていらのきょうみょう》』には、20名前後の人物に「唯善与同位也（唯善と同じ立場である）」と注記されていたり、そのことを示す朱の合点が付されたりしていて、必ずしも唯善一人の「野

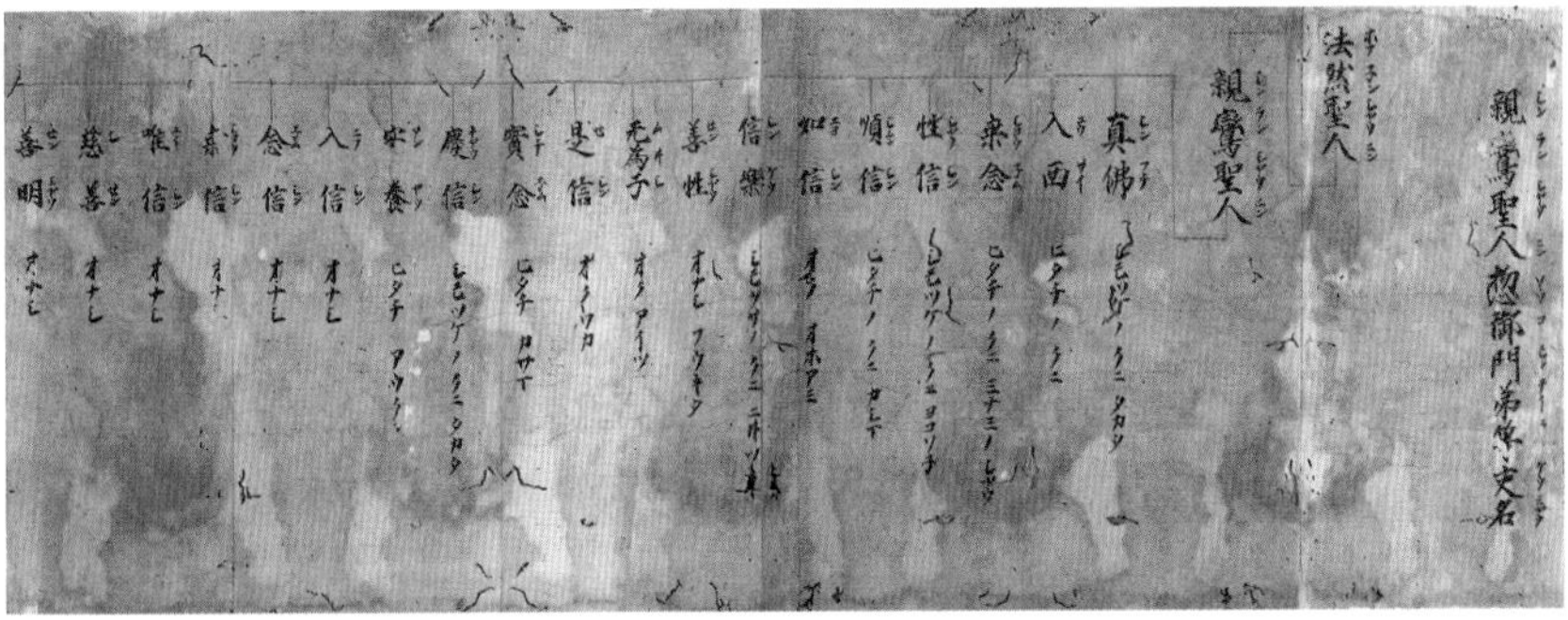

親鸞聖人惣御門弟等交名（滋賀県長浜市 佛光寺派光照寺蔵）

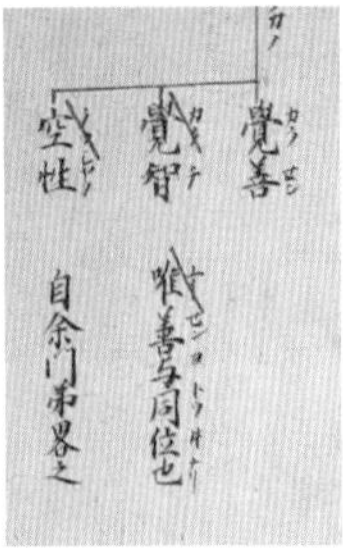

（部分）

望」や「策謀」とは考えられない節もあるからです。

それでは、唯善がこうした行動を取った根拠はどこにあったのでありましょうか。本章の冒頭、親鸞聖人の墓所である大谷廟堂は、聖人の末娘である覚信尼が敷地を廟堂自身に寄進したといいました。その意味については、前章で、「仏に寄進された土地は、再び人の手に戻ることがない」という当時の慣習法（仏陀法）によって、永久に墓所として保全されることを願った覚信尼の意図があったと説明しました。

ところが、こうした神仏に寄進された土地が、再び人の手に戻る可能性がある場合が、唯一残されていました。それが、その土地の本来の持ち主やその子孫が返却（悔返《くいがえし》）を求めるケースです。室町時代の事例ではありますが、神仏へ寄進した土地に関して、寄進者が代替わりをすると、再度寄進状が作製されて、既往の寄進が再確認されることがありました。

仏陀法は日本の中世社会を支配した強い慣習法ではありましたが、近代社会とは異なって、絶対とい

青蓮院 ©mizobuchi hiroshi

うことはありません。寄進した本人やその子孫が返還要求を出すと、それが一定程度の重みを持って採用される可能性があるのです。だから、代替わりにおいて寄進の事実が再確認されなければならなかったのです。

唯善は、確かに廟堂敷地の本来の持ち主であった小野宮禅念の唯一の子どもでした。その唯一の子孫が返還を要求したのですから、社会的には一定程度の正当性をもって受け入れられました。それが、唯善が再々にわたって廟堂敷地の占有を図った理由でありましたし、公的機関がそれを一旦は認めたり、親鸞門弟の幾人かがそれを認めた社会的な背景であったのです。

第３章

覚如上人の継職と本願寺号公称

覚如上人の継職

覚如上人と親鸞聖人の関東門弟等が、唯善と大谷廟堂・敷地の管領を巡って争った裁判は、１３０９（延慶２）年７月19日、青蓮院の裁許《さいきょ》によって決着しました。覚如上人と関東門弟側が唯善に勝訴したのです。大谷廟堂・敷地を管領するのは関東門弟であることが公的に認められました。これによって、覚如上人は覚信尼が関東門弟に言い遺した「廟堂を預かる尼が子孫」という立場に、自身が就けるものと考えました。というのも、廟堂を預かる仕事は、廟堂の創設者ともいうべき覚信尼から覚如上人の父・覚恵に譲られており、さらに覚恵は１３０２（正安４）年にその職を覚如上人に譲ったことを関東門弟等に知らせていたからであります。なお、その際、覚如上人に手渡された譲状には、廟堂を預かる仕事が初めて「留守職《るすしき》」と表現されていることには注意されます。

ところが、訴訟のために上洛《じょうらく》していた関東門弟の３人の使者は、覚如上人がその職に就くことを容易に認めませんでした。門弟一同の議論で決しますと言い残して、関東へ帰ってしまったのです。そこで、覚如上人は関東門弟に十二箇条からなる「懇望《こんもう》

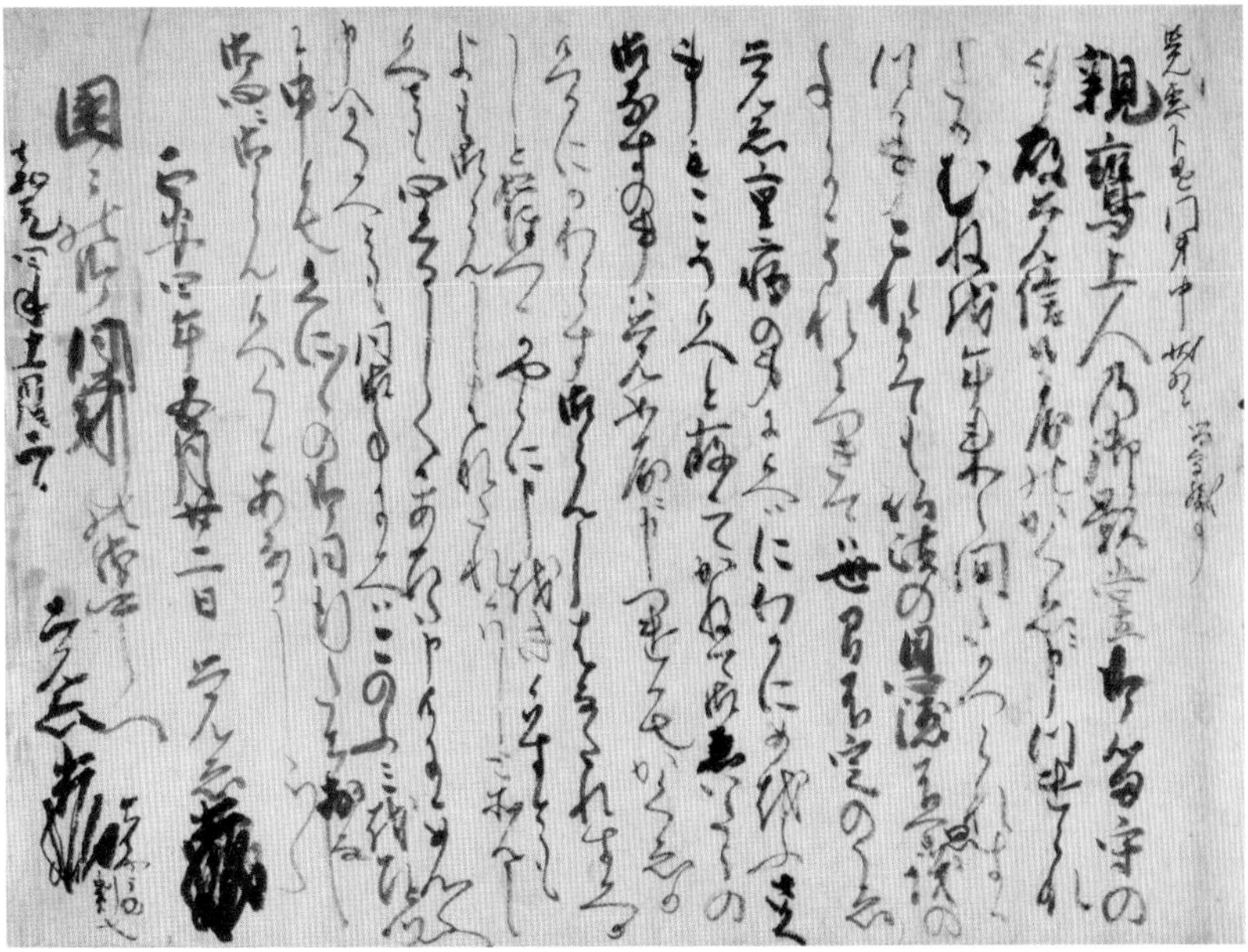

覚恵譲状（西本願寺蔵）［本文８行目に、留守を覚如に申し付けるとある］

状《じょう》」を提出して、留守職への就任を懇願します。その十二箇条は、例えば、毎日の勤行《ごんぎょう》は怠《おこた》らないとか、関東門弟を蔑《さげす》むことはしないとか、敷地に遊女を入れたり酒宴を行わないといった日常の生活姿勢から、覚信尼の寄進状の趣旨には背《そむ》かないとか、関東門弟に背いた時、大谷の敷地を追い出されても異議は唱えない、といった自身の大谷廟堂への関わり方（留守職のあり方）にまで及んでいます。

　こうした「懇望状」を出したにもかかわらず、関東門弟等は覚如上人の就任をなかなか認めなかったようで、１３１０（延慶3）年に上人は関東へ下り、自身の留守職就任について関東門弟と折衝《せっしょう》を重ねます。そして、安積《あさか》門徒《もんと》（福島県）と鹿島《かしま》門徒（茨城県）との許しを得て、ようやく留守職に就任でき、帰洛《きらく》してから大谷廟堂に移住したのであります。ここで安積門徒や鹿島門徒というのは、親鸞聖人の教化で関東や東北の各地に生まれた門徒団のことで、代表者の住所を冠して「○○門徒」と呼ばれました。著名な門徒団として、真仏《しんぶつ》・顕智《けんち》の高田《たかだ》門徒（栃木県）、性信《しょうしん》の横曽根《よこぞね》門徒（茨城県）、順信《じゅんしん》の鹿島門徒（茨城県）などがあります。なお、安積門徒は高田門徒の流れを汲む奥州《おうしゅう》の門徒団でした。

覚如上人が留守職に就任するに当たって、関東門弟に示した十二箇条の懇望状について、以前は屈辱的な内容であると言われたこともありました。しかし、そもそも覚信尼の寄進状には「関東門弟の心に叶った者に、この墓所を預けてください」とあり、唯善との裁判で青蓮院が出した裁許状にも「上人門弟等の進退たるべき旨分明なり（親鸞聖人の門弟等が管領すべきことは明らかです）」とあり、さらに「覚信の子孫等の許否に於いては、宜しく門弟等の意に在るべき（覚信尼の子孫等を（留守職に）認めるか否かについては、当然門弟等の考えであります）」などと見えますから、上人が留守職に就くために、関東門弟に対してへりくだった態度を取ることは、当時としては当然のことだったのです。

寺号の公称と本尊《ほんぞん》の安置

こうして、ようやく大谷廟堂の留守職に就任した覚如上人は、自身の地位の不安定さを実感したのでしょう、自身の門弟づくりや関東門弟との関係強化に努めます。前者の例としては、1311（応長元）年5月には、長男の存覚《ぞんかく》とともに越前《えちぜん》（福井県）へおもむいて、大町の如道《にょどう》に『教行信証《きょうぎょうしんしょう》』を伝授しています。この時、親鸞聖人の寿像《じゅぞう》（生前に作られたその人の像）として著名な「鏡御影《かがみのごえい》」を持参していますが、祖師の寿像の前でその主著である『教行信証』

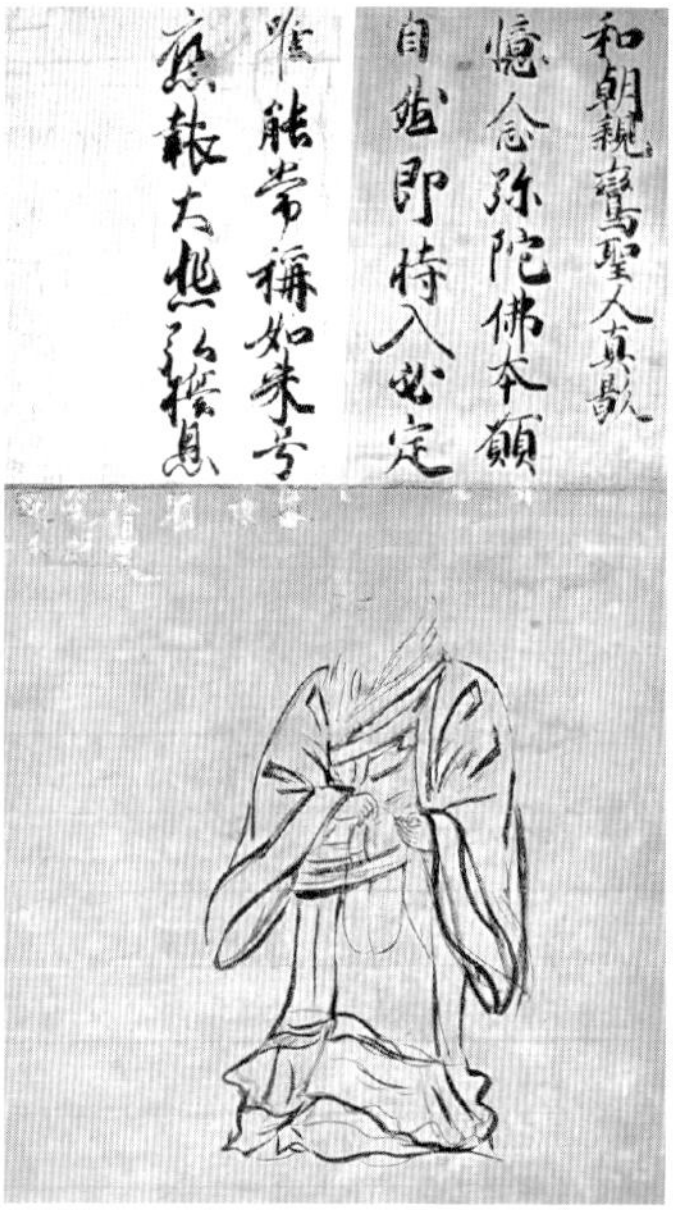
鏡御影（西本願寺蔵）

を伝授したとすれば、覚如上人と如道との間に師弟関係が結ばれた可能性があります。事実、如道は覚如上人の葬儀に参列した時に「修学の門徒」と注記されています。覚如上人は、この後も伊勢国《いせのくに》（三重県）や尾張国《おわり》（愛知県）、三河国《みかわ》（愛知県）や信濃国《しなの》（長野県）などを訪れています。

また、後者の例としては、同年の冬に関東へおもむいて、如信《にょしん》上人の十三回忌を勤めていることに注意されます。如信上人とは、親鸞聖人の長男・善鸞《ぜんらん》の子で、善鸞とともに関東へ下り、陸奥国大網《むつのくにおおあみ》東山（福島県古殿町）に住して念仏の教えを広めた方です。次節で述べますように、覚如上人に親鸞聖人の教えを伝えました。その如信上人の十三回忌に、わざわざ関東へと向かったのは、如信上人の後継者と交流するのはもちろん、関東に広く散在する親鸞聖人の門弟やその末裔《まつえい》との交流を図ったものでありましょう。

こうして、覚如上人は大谷廟堂と自身に対する支援体制を固めるとともに、大谷廟堂の寺院化を企図します。1312（正和元）年の夏頃、安積門徒の法《ほう》智《ち》が発起して、大谷廟堂に「専修寺《せんじゅじ》」と書いた額が打ちつけられました。ところが、秋になって比叡山《ひえいざん》延暦寺《えんりゃくじ》から異議が出されます。それは、「一向専修」は古くより禁止されているのに、その名を付けるのは宜しくない、すぐに額を撤去しなさいというものでした。これによって、専修寺と名乗ることはできませんでした。

しかし、覚如上人は寺号の公称をあきらめず、そ

福島県古殿町に建つ石碑
［「如信上人大網遺跡」とある］

の後「本願寺」との寺号を名乗ることにしました。その年次は明らかではありませんが、１３２１（元亨元）年2月に、親鸞聖人の門弟等が、鎌倉幕府が出した「一向衆」停止の命令に対して、私たちは禁止されている一向衆とは関係がないことを認めてほしいと上申した「愁申状《うれいもうしじょう》」の差出が「本願寺親鸞上人門弟等」となっているのが初見であります。おそらく専修寺額の撤去から間もなく、本願寺号の公称が企図され、認められたものでありましょう。この寺号公称の実現は、大谷廟堂の安定的な運営を願う覚如上人の計画でした。

　寺号の公称がなったからには、本尊としての阿弥陀如来像の安置が、覚如上人の次の課題となりました。時代は少し降りますが、１３８０年代に書かれた、真宗高田派専修寺の第7代住職・順証《じゅんしょう》の、惣御門徒御中へ宛てた書状に次のように見られます。すなわち「専修寺の第5代住職定専《じょうせん》の時に、「大谷の坊主」が親鸞聖人の御影を脇に移して、阿弥陀如来像を本尊として安置しようとしました。しかし、定専が強く反対したためそのままになっていました。いままた、同じ様に阿弥陀如来像を安置しようとしています。定専の時のように反対していますが聞いてもらえません。どうしましょうか、皆さんと相談いたしたく思います」という内容です。

　定専の時代（１３４３～６９）に、親鸞聖人の御影を脇に移して阿弥陀如来像を安置しようとした「大谷の坊主」は、年代から見て覚如上人に間違いありません。ただ、この時

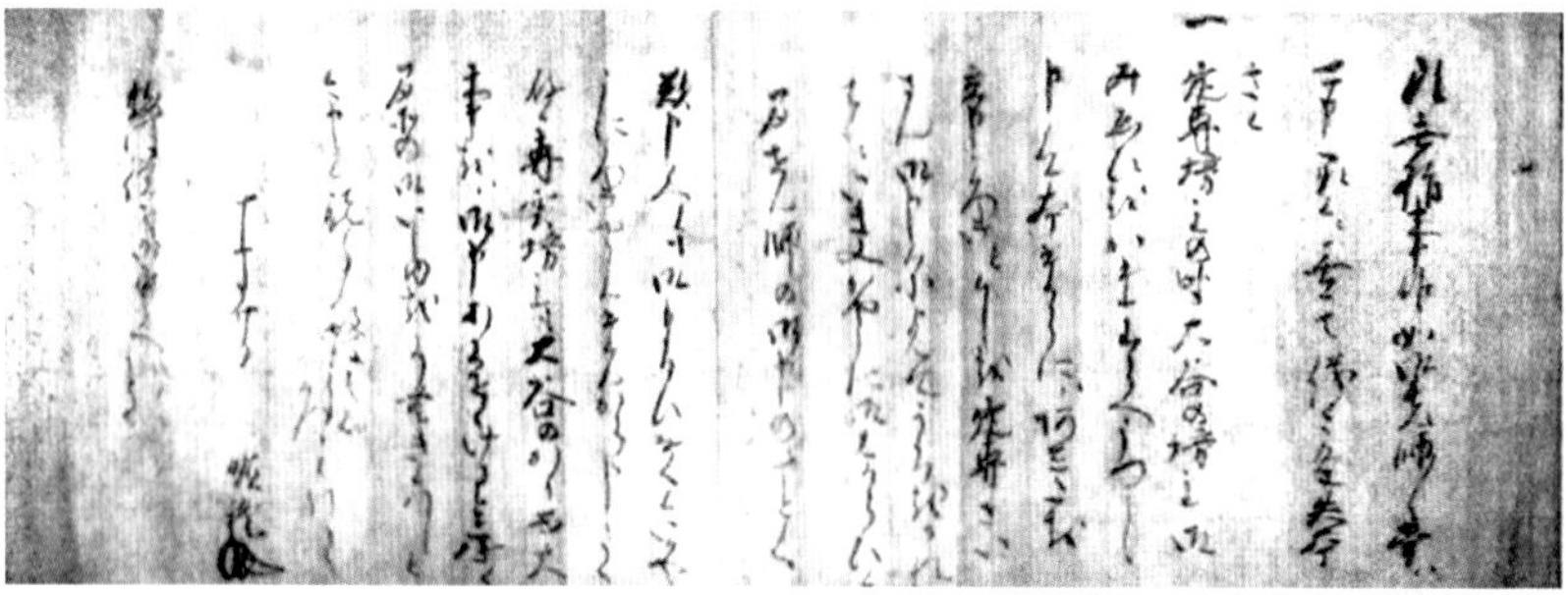

専修寺順証書状（専修寺蔵）

は定専の強い反対によって実現しませんでした。それを、順証の時代に再び実行したのは、順証の住持《じゅうじ》年代（1380～90）から推して覚如上人の次代の善如《ぜんにょ》上人でありましょう。覚如上人は、自身が成し遂げられなかった阿弥陀如来像の安置という、本願寺の寺院化にとって大事な事業を、次代の善如上人に託していたのです。

本願寺本寺化の意図
――三代伝持《さんだいでんじ》の血脈《けつみゃく》

こうして大谷廟堂の寺院化は、覚如上人の強い意志のもと進められていきましたが、もう一つ上人には成し遂げなければならない課題がありました。それが、本願寺の本寺化です。覚如上人は大谷廟堂（＝本願寺）の留守職を継職して以降、全国各地の親鸞聖人の門弟やその末裔《まつえい》を数多く訪ねました。そうした時には聖人の教えについて彼等と語り合ったに相違ありません。そんな中で、聖人の教えが曲解《きょっかい》されていたり、聖人の教えにないような考えが、門弟・末裔等に広まっていたことに危機感を覚えたのです。

そこで、覚如上人は本願寺がもともと親鸞聖人の墓所に建てられた「本所《ほんじょ》」（本来の場所）であるから、そこに真宗の教えが統一されなければならないという意識を強めていきました。ただ、上人自身は親鸞聖人が示寂されて8年目に生まれていますから、聖人に直接お目にかかっておらず、いわゆる「面授《めんじゅ》の弟子」ではありませんでした。当時は親鸞聖人の「面授の弟子」であることが権威をもっていたのです。

覚如上人は、自身の真宗理解が親鸞聖人の教えに誤りないことを、如信上人から親鸞聖人の教えを伝授されたのだと説明します。先に述べましたように、如信上人とは親鸞聖人の長男である善鸞の子であり、奥州大網東山に坊舎を構えて念仏の教えを説いていました。如信上人は、幼年の頃には祖父である親鸞聖人の教えに傾倒して、聖人の側近く随従して、聖人が法話を始めると必ず聴聞《ちょうもん》していたという熱心な念仏者でした。関東に赴いてからも、たびたび京都の大谷廟堂（＝本願寺）に参詣しており、覚如上人の

法龍寺［茨城県大子町、如信上人が示寂した金沢の地］

父で如信上人には従兄弟《いとこ》に当たる覚恵や、覚如上人の祖母で如信上人には叔母《おば》に当たる覚信尼とも親しく交わっていました。

1287（弘安10）年覚如上人18歳の冬11月に上洛した時には、覚如上人に親鸞聖人の教えを直々《じきじき》に伝えたと記録されています。覚如上人が如信上人から伝えられた教えをまとめたものが1331（元徳3）年に撰述した『口伝鈔《くでんしょう》』であり、1337（建武4）年に執筆された『改邪鈔《がいじゃしょう》』であります。特に『改邪鈔』の奥書《おくがき》には「私は壮年であった昔、畏れおおくも三代　黒谷・本願寺・大綱　に伝え保持された血脈（法統）を受けました」と述べられています。そして、この黒谷（法然）・本願寺（親鸞）・大綱（如信）と伝えられ、覚如上人に至った教えを「三代伝持の血脈」と表現したのです。

こうして、教えの相伝《そうでん》における正統性を主張すると同時に、関東門弟等の統合をも試みます。1331年に『口伝鈔』が成った直後に関東に赴き、如信上人の三十三回忌を勤めています。1311（応長元）年に十三回忌を勤めた時には、如信上人が示寂した金沢《かねさわ》（茨城県大子町）と如信上人の遺跡である大網東山（福島県古殿町）にて仏事を修していますから、三十三回忌もほぼ同様であったと思われます。

この大網での仏事に集まった親鸞門弟や末裔のうち、誤りなく親鸞聖人の教えを伝持している人々を選び、それが24人であったので「二十四輩《にじゅうよはい》」と呼んだともいわれますが、この二十四輩についてはもう少し後に形成されたとみるのが妥当でありましょう。

ともあれ、こうして覚如上人は大谷廟堂の寺院化とその本寺化を進めていきました。そうした行動が、親鸞聖人の関東門弟やその末裔に快く受けいれられたかといえば、そうでもありませんでした。覚如上人が1344（康永3）年に定めた「禁制六箇条」には、「遠国の御直弟、京都の外に御本寺これ無き事」、すなわち本願寺の外に真宗の本寺はありませんと宣言していますが、関東門弟やその末裔にとっては、大谷廟堂（＝本願寺）は親鸞聖人の墓所であって、真宗の本寺とは認められなかったのであります。

こうした、覚如上人と関東門弟との間にできた隙間は大きいものでありました。関東門弟等は次第に本願寺と疎遠になっていき、覚如上人以降本願寺は、衰微《すいび》時代と呼ばれる厳しい時代を迎えるのであります。

三代伝持御影（西本願寺蔵）
［上から親鸞聖人・如信上人・覚如上人］

第4章 衰微《すいび》時代の本願寺

覚如上人没後の本願寺

本願寺第3代の覚如上人は、父・覚恵より継承した親鸞聖人の墓所である大谷廟堂を、「本願寺」として寺院化し、親鸞聖人の関東門弟等を統合する真宗の本寺とすることにその生涯を尽くしました。しかし、その方向性は、廟堂をあくまで聖人の墓所であるとする関東門弟達の意思とは必ずしも合致しませんでした。そのため、本願寺は関東門弟等と次第に疎遠になっていき、彼等の訪問も減少していきました。

時代は少し降りますが、本願寺第6代の巧如《ぎょうにょ》上人が住持していた１４１３（応永20）年に、京都東山の大谷本願寺を訪れた近江国《おうみのくに》（滋賀県）堅田の法住《ほうじゅう》は、全く人気の無い本願寺を見て「御本寺様は人せきたえて、参詣の人一人も見えさせたまわず、さびさびと住みておわします（本願寺は人気がなく、参詣する人は一人も見られない、いかにも寂しげに暮らしておられる）」と表現しています。この「さびさび」という言葉が与える印象は大変に強く、これによって、覚如上人没後、蓮如上人が現れるまでの本願寺を、以前は「衰微時代」とか「沈滞時代」と表現することがありました。

しかし、それは本当でありましょうか。近年では様々な面からの調査・研究が進み、単に「衰微時代」「沈滞時代」という表現だけでは言い表せないような側面があったことが注目されています。

〔略系図〕

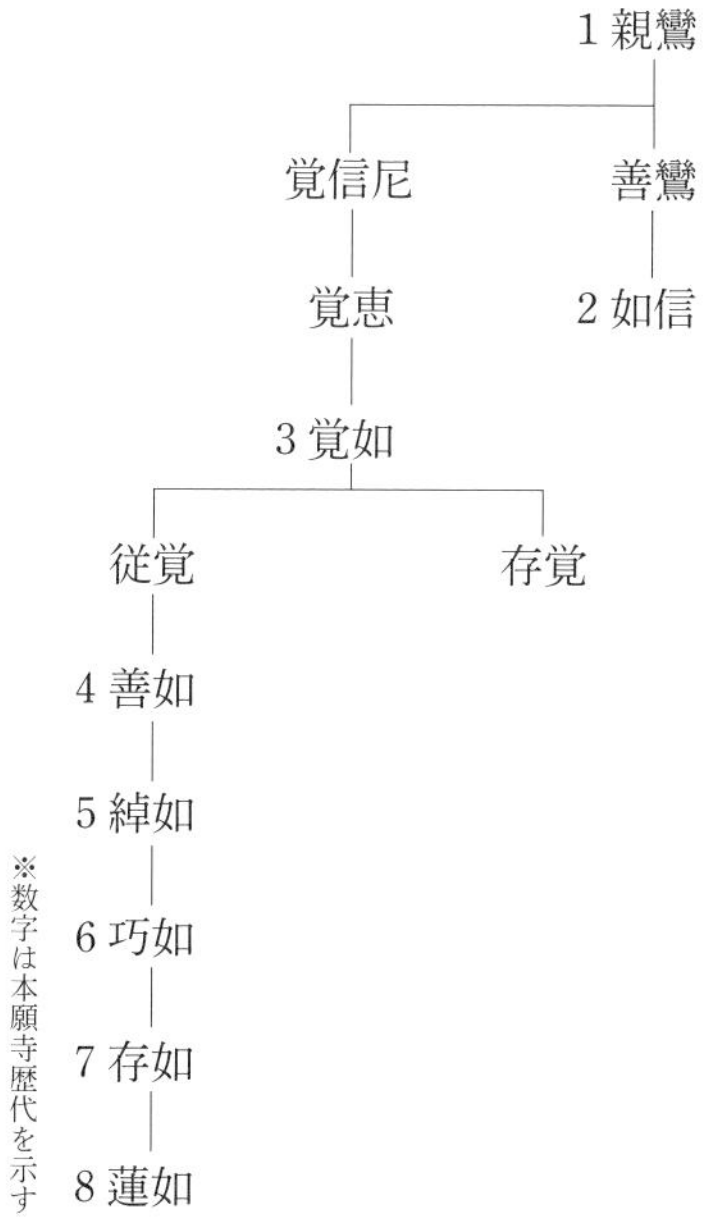

経典の読誦《どくじゅ》と勅願寺《ちょくがんじ》

覚如上人の次男・従覚《じゅうかく》の子である第4代・善如上人の住持時代、1357（延文2）年に、本願寺が勅願寺に任じられたという記録が残されています。勅願寺とは、もともと天皇の発願によって建立された寺院の呼び名でしたが、後には「四海安全《しかいあんぜん》（世の中が平穏・無事であること）」の祈禱《きとう》を行わせるために、既成の寺院を勅願寺に任じることもありました。

　こうした勅願寺に本願寺を任じるという後光厳天皇《ごこうごんてんのう》の綸旨《りんじ》（天皇からの命令文書）が、江戸期に成立した公家の柳原《やなぎわら》家の『砂巌《さがん》』という記録に収載されています。ただし、この綸旨は原本が存在せず、この記録にだけしか見られないことから、その信憑性を怪しむ考えもあります。しかし、この綸旨を発給したという右中弁《うちゅうべん》日野時光《ひのときみつ》は、確かにこの年にその地位にあったと認められ、この綸旨の様式にも特に不自然なところは見当たりません。したがって、この綸旨が偽物であるという積極的な根拠は見いだせないのです。

　また、この綸旨の本文には書き込みがあり、「文和四御巻数事、右少弁忠光」と記されています。これは綸旨が発給された2年前の1355（文和4）年に、右少弁《うしょうべん》柳原忠光《やなぎわらただみつ》を通して、本願寺に「四海安全」のための経典読誦が命じられた記事と推測できます。このことから、1357（延文2）年に正式に勅願寺に任じられる少し前から、本願寺にそういう役割を果たすべく、天皇の働きかけがあったものと考えられます。

この経典読誦や勅願寺任命は、柳原忠光や日野時光を通して行われたのですが、この二人はいずれも、本願寺の大谷一族が流れを汲む日野氏の一流でありました。この時期の本願寺の子ども達は、この日野流の猶子《ゆうし》（仮の子ども）となっていることから、本願寺勅願寺化の背景には、こうした本願寺・大谷一族と公家社会との深いつながりがあったとみるべきでしょう。

しかし、これまであまり見られなかった本願寺と朝廷や公家との結びつきが、なぜこの時期に突然起こったのでしょうか。それには「南北朝の内乱」が関係していました。当時朝廷・公家側には、日本中の武士達が南朝側と北朝側とに分かれて相争う「南北朝の内乱」を早く治めて、安定的な社会をつくるという使命があり、そのため朝廷は、様々な寺院を勅願寺に任じて、「四海安全」を祈らせていました。

一方本願寺側は、冒頭に述べたように、覚如上人による大谷廟堂の寺院化と本願寺の本寺化を進める活動が、関東門弟の不興を買い、関東門弟との関係が希薄化していました。大谷廟堂（＝本願寺）は、覚信尼による創立時代から、関東門弟の懇志によって安定的な運営が行われてきましたが、覚如上人の一連の動きによって、それが滞ってきたため、朝廷からの勅願寺化の働きかけを断ることは出来なかったのではないでしょうか。

綽如《しゃくにょ》上人の瑞泉寺《ずいせんじ》建立と北陸開教

こうして京都の地では、本願寺は朝廷や公家社会との関係を深め、親鸞聖人の教えには見られない「四海安全」の祈り（＝国家祈禱）を求められるようになりました。しかし、その一方で聖人の教えを地方へと伝える行動も進められています。

第5代の綽如上人は善如上人の長男であり、1375（永和元）年に善如上人から譲状を与えられて本願寺を継職しました。26歳の時であります。ところが、善如上人が１３８９（康応元）年に示寂すると、綽如上人は長男の巧如上人に譲状を記して、越中国《えっちゅうのくに》（富山県）へ赴きます。その頃、本願寺に出入りしていた、同国砺波《となみ》郡野尻《のじり》（南砺市）に住む杉谷慶善《きょうぜん》の縁故を頼ってのことであったといわれます。最初、慶善の住む野尻に居住しましたが、里中は仏法修行には良くないとして、井波平野から五箇山《ごかやま》へ抜ける庄川沿いの谷間にある杉谷（同前）の地に一《いち》宇《う》を建てて籠居《ろうきょ》しました。

その後、寺院の建立を志して「勧進状《かんじんじょう》」（募財の趣旨を述べた文書）をもって近国を勧進し、ついに井波（同前）の地に瑞泉寺を開いたといわれます。この建立については、伝承によると、当時中国から朝廷に届いた書簡に、誰にも読めない文字が三つあり、それを綽如上人が読み下したので、その功によって周《しゅう》円《えん》上人号を賜り、この地を与えられたともいいます。この「勧進状」の筆者については、綽如上人ではないとの考えが現在主流ですが、それを帯して勧進を

真宗大谷派井波別院瑞泉寺［綽如上人による建立］

行ったのは綽如上人でありますから、ここに、綽如上人によって、本願寺の教線が初めて北陸の地に進出したのは間違いありません。

この上人の北陸進出に歩調を合わせるように、二人の子息が北陸への進出を進めていきます。まず、綽如上人の次男・頓円《とんえん》は、三河国（愛知県）から越前国（福井県）へと進出していた高田門徒系の和田信《しん》性《しょう》という人物が逝去した後、門徒衆からの招きによって当地に赴いたものといいます。頓円は越前国藤島に超勝寺を建立しましたが、超勝寺は後に北陸の大坊主となり、一向一揆《いっこういっき》の中心的寺院となりました。また三男の周覚《しゅうかく》は、越前国の門徒より大谷一族の下向を求められたために、志比荘《しひのしょう》（永平寺町）に下向して花蔵閣《けぞうかく》（興行寺）を開きました。この頓円や周覚の子孫は越前・加賀・越中に広く展開し、北陸一帯に根を張り、後には「北国一家衆《ほっこくいっけしゅう》」と呼ばれるようになります。

このように、綽如上人とその子息の時代は、北陸へ本願寺の教線が展開した時代であるといえ、それ

第6代・巧如上人御影（東本願寺蔵）

第7代・存如上人御影（東本願寺蔵）

が、後の蓮如上人時代の北陸での爆発的な教団の展開に結びついたともいわれるのです。

巧如上人・存如《ぞんにょ》上人の時代

第6代・巧如上人と第7代・存如上人の時代は、綽如上人と二人の子息のように、自ら地方に赴いて開教したり寺院を建立したりということはあまり認められませんが、徐々に本願寺に結びつこうとする地方の門弟の増加が確認できます。

そのために両上人が行ったのが、門弟への聖教書写とその授与でした。巧如上人の場合、1401（応永8）年に書写した『教行信証延書《のべがき》』を始めとして、4点の書写聖教《しょしゃしょうぎょう》が残っています。それ以外にも、子息の存如上人や若き日の蓮如上人等に、右筆《ゆうひつ》（文書を代筆する役）として書写させた聖教が14点残されています。但《ただ》し、これらはほとんどが信濃国長沼（長野市）の浄興寺《じょうこうじ》（現、新潟県上越市）に宛てられたものでした。

第7代の存如上人も、積極的に聖教書写と授与とを進めています。先に記した巧如上人の右筆として4点、自身が住持となってから9点、さらに子息の蓮如上人に右筆として26点もの聖教を書写させ門弟へ授与しました。存如上人の聖教書写・授与の対象は、巧如上人に比べると大きく各地に広まっており、この両上人時代に本願寺の教線が確実に広まっていることが確認できます。

また、いま一つ注意されるのが、法宝物への裏書《うらがき》です。早くも巧如上人は1419（応永26）年に『親鸞絵伝《えでん》』の裏書を、加賀国（石川県）熊坂庄内荻生の仏乗《ぶつじょう》に与えた事が確認されますが、存如上人になるとその数は増えて、能登・加賀（以上石川県）・越前（福井県）・飛驒《ひだ》（岐阜県）・河内《かわち》（大阪府）などに、その遺品が残されています。

このように、巧如・存如両上人の時代には、聖教の授与や法宝物に裏書することで各地の門弟と結びつくという、次代の蓮如上人を彷彿《ほうふつ》とさせるような活動が一部見え始めることに注意されます。

両堂形式の始まり

この時代を代表する出来事に、本願寺の両堂形式の始まりがあります。これまで述べてきたように、大谷廟堂に始まる本願寺は、長く親鸞聖人の影像（御真影）を安置する御影堂だけの一堂形式でした。それが、現在の東西本願寺のような御影堂と阿弥陀堂が並立する両堂形式に変更されるのが存如上人の時代であると考えられます。

東本願寺に所蔵される「存如上人消息《しょうそく》」は、無年号の七月一日付のもので、充名《あてな》も欠いていますが、新潟県上越市の浄興寺に充てられたものと推測されます。その本文に、「作事は坊ばかり半作に候へども、先々取り立て候、御堂の事は近日候間、御影堂の柱ばかり立つべき用意にて候（建築作業は、坊は作りかけであるが後々に建てましょう、御堂は近々出来ますので、御影堂の柱を立てる用意をしています）」と、坊（庫裏《くり》）・御堂（阿弥陀堂）・御影堂の三つの建築が進んでいることが書かれています。これが本願寺の両堂形式を告げる初めての史料なのです。

この消息の発給年次については、本文中に「国々

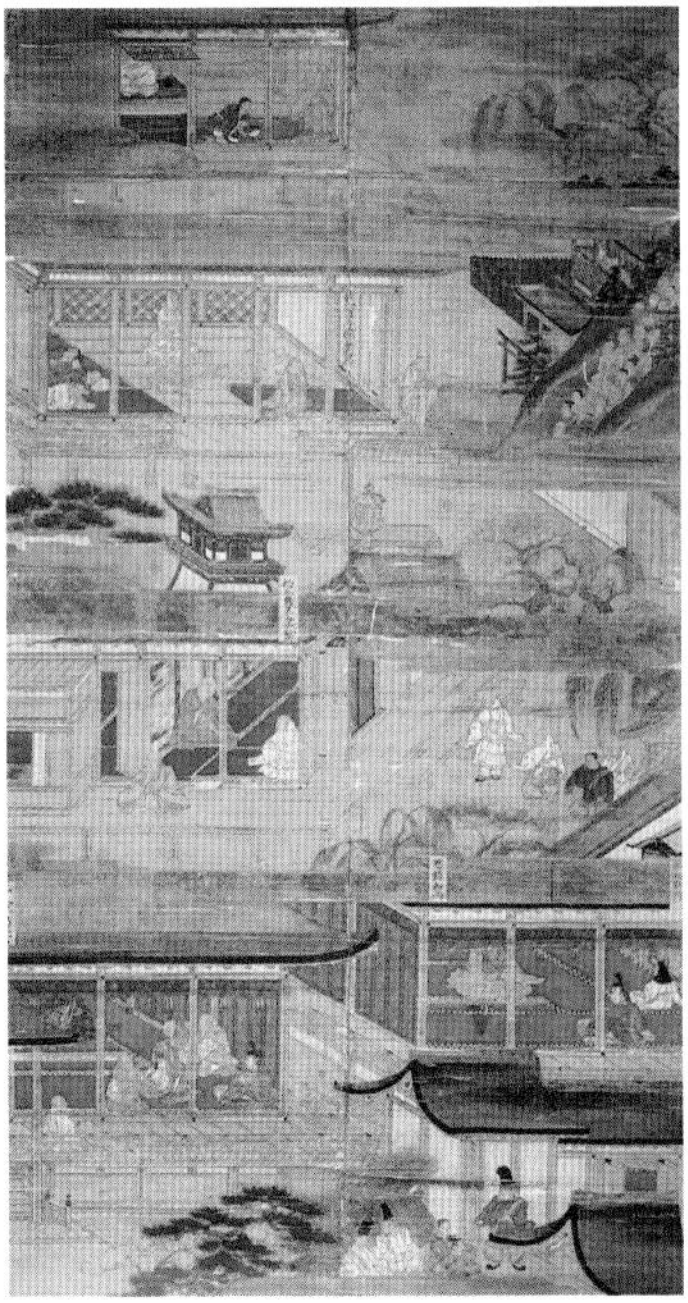

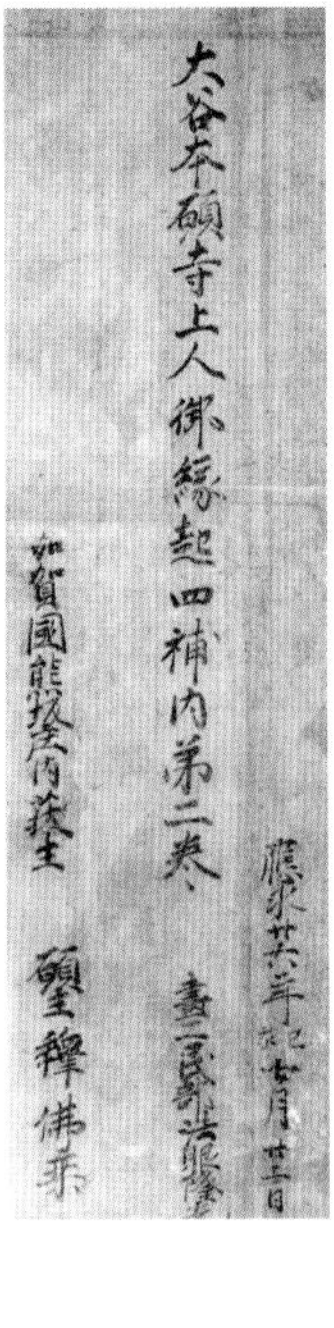

上：願成寺
『親鸞絵伝』第1幅
下：第2幅裏書
⇒巧如時代免物

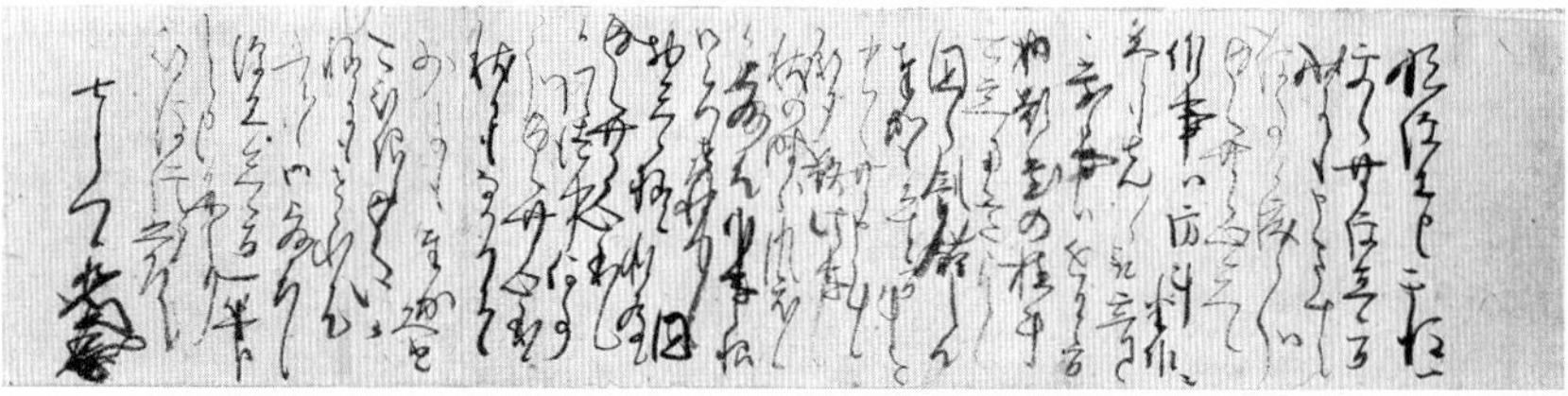

存如上人書状（東本願寺蔵）[両堂形式の始まりが書かれている]

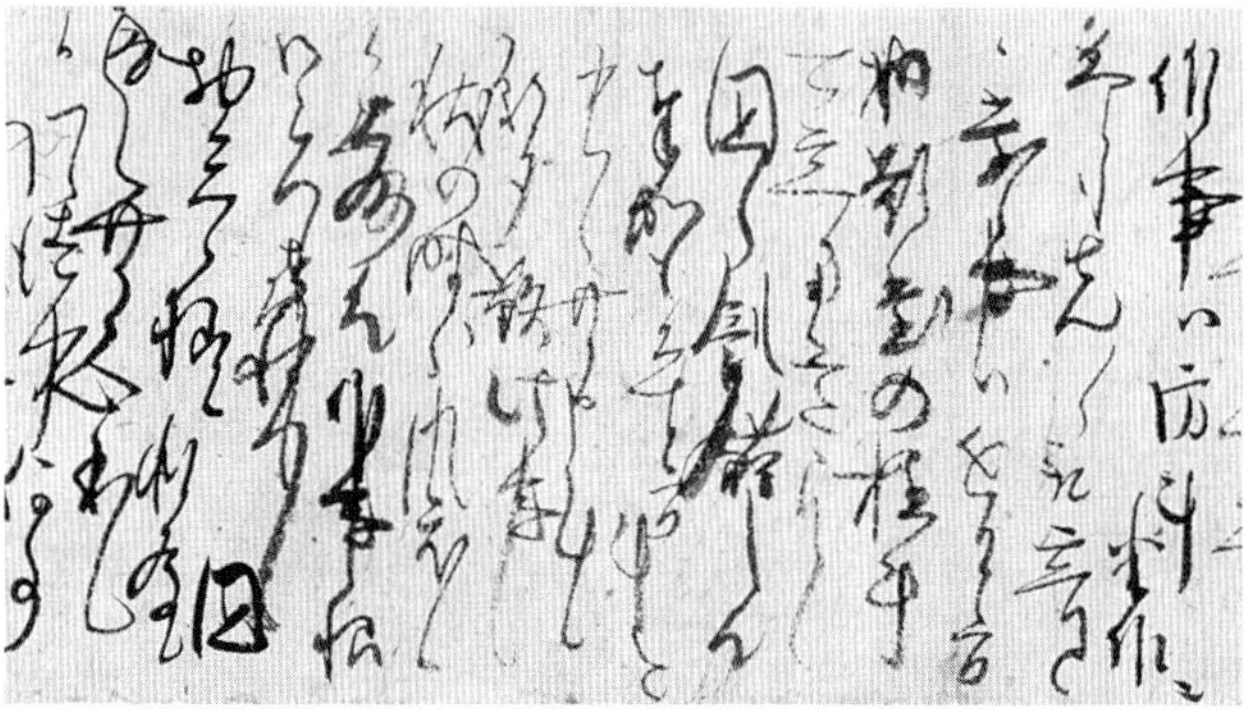

（部分）

飢饉《ききん》し候て……」と、この年に飢饉があったことが述べられていることから、１４３８（永享10）年と推定されています。

この両堂形式は、覚如上人によって成された大谷廟堂の寺院化と本寺化とが、親鸞聖人の関東門弟が希望する「墓所」としての大谷廟堂というあり方と齟齬《そご》をきたしたため、本願寺が参詣者もない「さびさび」とした寺院と成ってしまった、そのことへの本願寺側としての一つの解答ではなかったかと思うのです。

第5章

蓮如上人の継職と真宗再興

蓮如上人の誕生と当時の本願寺

「衰微時代」とも「沈滞時代」とも表現される、「さびさび」とした大谷本願寺に蓮如上人は生を受けました。父は本願寺第7代住職の存如上人、母は存如上人の母親に仕えていた女性で、名は伝わっていません。蓮如上人が誕生したのは１４１５（応永22）年のことで、その当時の本願寺は、まだ祖父の巧如上人が住職を勤めていました。

蓮如上人が24歳の１４３８（永享10）年、本願寺は大がかりな改修工事を行い、廟堂（御影堂）だけの一堂形式から、御影堂と阿弥陀堂が並立する両堂形式の伽藍《がらん》に変更されました。しかし、その規模はといえば、御影堂は五間四面、阿弥陀堂は三間四面という、ごくごく小さな建物であって、現在の東西本願寺の伽藍とは比較になりません。当時の本願寺の置かれた立場が偲ばれます。ちなみに、御影堂の内《ない》陣《じん》は向かって左の余間だけであり、右の余間はありません。後の時代にまで残る真宗道場建築の特徴である「片余間」の源流と考えられます。

そのような中で、若き日の蓮如上人は、20歳の頃から祖父の巧如上人、巧如上人が没してからは、父存如上人の右筆（文書を代筆する役）として数多くの聖教を書写しています。それは、親鸞聖人の教えを深く学び、聖教に精通していなければできない仕事でありました。事実、記録によれば蓮如上人は、若き日より聖教の研鑽に極めて熱心で、特に『教行信証』

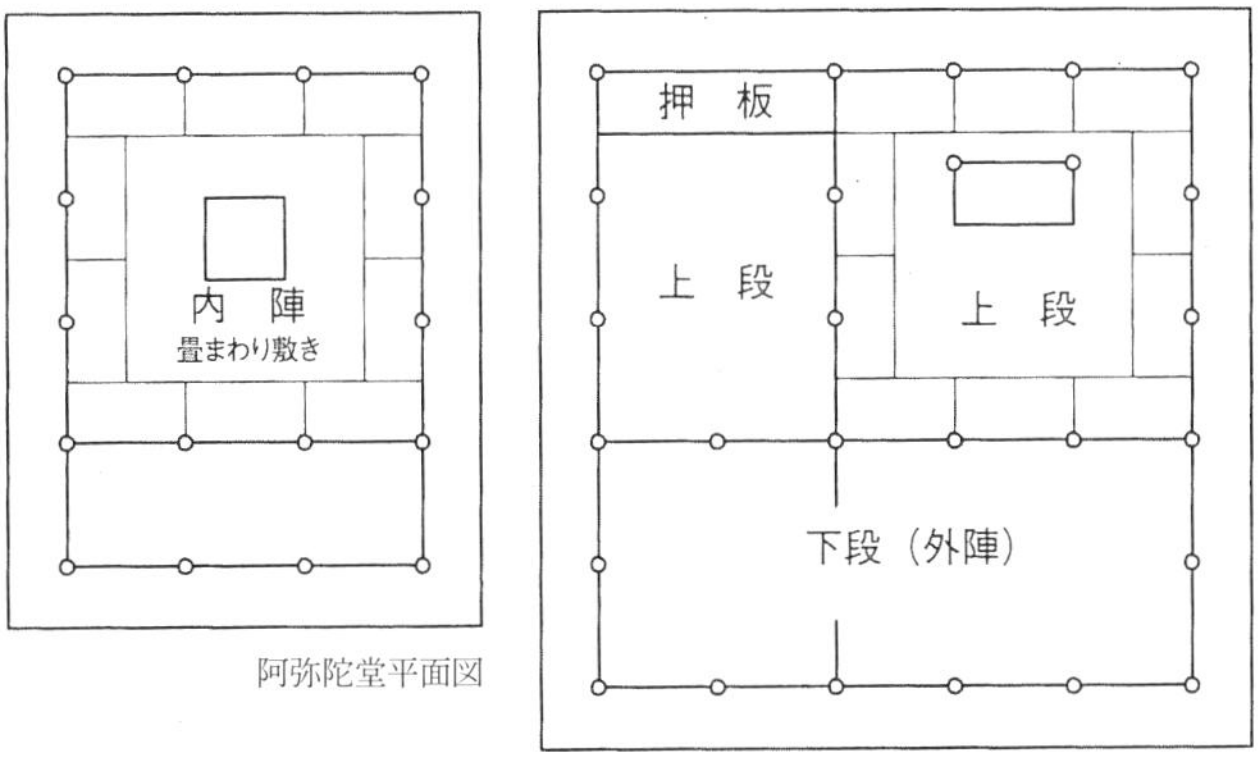

阿弥陀堂平面図　御影堂平面図
大谷本願寺御影堂・阿弥陀堂平面図（伊藤延男氏作成）

や『六要鈔《ろくようしょう》』、『安心決定鈔《あんじんけつじょうしょう》』などを繰り返し、繰り返し読んだといわれます。しかも、明かりを取る油を買う余裕もない苦しい生活の中、薪用の黒木を燃したかすかな明かりや、月の光の下でも聖教を学んでいました。

蓮如上人が熱心に聖教研鑽に努めたのには、一つの大きな理由がありました。それは、蓮如上人を生んだ母の言い残した言葉でした。上人の母は、上人6歳の時、秘かに本願寺を出て行ってしまいますが、その時、蓮如上人の晴着姿の肖像画（鹿子《かのこ》の御影）を絵師に描かせて持参するとともに、上人に対し、「貴方の一生をかけて親鸞聖人の教えを再興《さいこう》してください」と言い残したといいます。これを深く心に刻んだ蓮如上人は、成人を迎えた15歳の時に、「真宗再興の志」を立てたのです。

本願寺継職と寛正《かんしょう》の法難《ほうなん》

蓮如上人は、父の存如上人が20歳の時の子どもでありましたが、その存如上人が62歳まで長生きしましたので、長い間「部屋住み」（まだ家督を継いでいない、親がかりの子）状態にありました。しかし、この間にも次第に聖教研鑽の成果を見せはじめています。近江国（滋賀県）の有力な門徒であった野洲郡金森《かねがもり》（守山市）の道西《どうさい》（善従《ぜんじゅう》）は、若き蓮如上人をたびたび自宅に招き、近くの人々を集めて聴聞しています。こうして、次第次第に近江の湖南地域に蓮如上人の教えを受けいれる土壌が形成されていきました。

1457（長禄元）年に存如上人が没すると、いよいよ蓮如上人が大谷本願寺の住職に就任しました。

蓮如上人鹿子の御影（福井県 超勝寺蔵）

この継職を巡っては、異母弟の応玄《おうげん》との間に確執《かくしつ》もありましたが、叔父《おじ》の瑞泉寺如乗《にょじょう》の強い推挙によって実現しました。こうして第8代住職に就いた蓮如上人は、母の言い残した真宗再興を成し遂げるべく、積極的な布教活動に向かったのであります。

継職当初に布教を行ったのは、継職前から蓮如上人をたびたび招いていた近江の湖南地域でありました。道西の住む金森を中心とした野洲郡（野洲市・守山市など）や栗太郡（草津市・栗東市など）、また琵琶湖の対岸で法住の住む堅田を中心とした志賀郡（大津市西北部）などに門徒が増えていきました。蓮如上人はこの時期、門徒となって道場を開こうとする人には、金泥《きんでい》（金粉を膠水《にかわすい》で溶いた絵具）で「帰《き》命《みょう》尽十方《じんじっぽう》無《む》碍光如来《げこうにょらい》」と大きく書かれた豪華な無碍光本尊を免許していました。

こうして、近江の湖南地域に門徒の村が増加していくと、この地域に古くより進出していた仏教教団が危機感を抱き始めました。それが、比叡山延暦寺であります。比叡山延暦寺の衆徒は、蓮如上人のこうした布教活動に危機感をもち、上人の活動を止めさせるべく、拠点であった大谷本願寺の破却《はきゃく》を実行しました。１４６５（寛正６）年正月８日に、比叡山西塔の不断経衆《ふだんきょうしゅう》が集会して、蓮如上人が「無碍光宗」という一宗を建て、愚かな人々に教えを説いているので、彼等は党をなして、仏像や経巻を焼いたり、神明和光《しんめいわこう》を軽蔑《けいべつ》したりしていると主張します。そして、それを口実に２日後の正月10日に大谷本願寺を襲ったのです。

もちろん、本願寺側も警戒はしていましたが守りきることができず、蓮如上人は大谷本願寺を脱出して、あちらこちらを転々としたあと、近江の金森に落ち着きます。しかし、比叡山勢力は上人を見逃すことはなく、今度は金森を、さらには近在の赤野《あかの》井《い》（守山市）を襲撃しました。この一連の弾圧事件を「寛正《かんしょう》の法難」と呼びます。

この比叡山延暦寺との争いは、三河国（愛知県）の佐々木如光《にょこう》の仲裁で一応の和解がなりましたが、蓮如上人にとっては、大谷本願寺を失った上に、近江で布教活動を継続することもままならなくなりましたので、新天地の開教に向かうこととなりました。

紺地金泥の十字名号
（東本願寺蔵）

吉崎坊《よしざきぼう》の開創

大谷本願寺を失い、近江での布教活動を断念した蓮如上人は、北陸地方での開教を目指しました。北陸地方は、第５代綽如上人が越中国（富山県）に瑞泉寺を建て、綽如上人の二子（頓円と周覚）の末裔が越前（福井県）・加賀（石川県）などに広範に展開しており、念仏の教えが深く浸透していた地域でした。

１４７１（文明３）年４月上旬に、それまで留まっていた近江国志賀郡にある三井寺《みいでら》南別所（大津市）を出発して、越前・加賀をめぐり歩き、越前国細呂宜《ほそろぎ》郷《ごう》内吉崎（福井県あわら市）という所にあった山を整地して、一棟の堂舎を建てたと上人自身が『御文《おふみ》』で述べています。これが吉崎坊であります。後に制作された絵図（照西寺蔵）を見ると、山上に一宇の御堂と、向かって右手に庫裏らしい建物が描かれています。御堂の規模はハッキリしませんが、五間四面ほどかと推測され、そうであれば大谷本願寺の御影堂なみの大きさということになりましょう。

　北陸への旅立ちの基点となった三井寺南別所には、近松寺《ごんしょうじ》という天台宗の寺がありました。蓮如上人はその境内に堂舎を作らせてもらい、親鸞聖人の御真影を預けて出発しました。この堂舎を顕証寺と称し、長男の順《じゅん》如《にょ》上人が留守に当たりました。

　吉崎の地は、奈良興福寺大《こうふくじだい》乗院《じょういん》の経覚《きょうかく》という人の隠居領所であり、一種の荘園《しょうえん》でした。蓮如上人がここに北陸布教の拠点となる吉崎坊を建てられたのは、経覚の母が本願寺の出身（具体的な人名はわかりません）という上人と極めて親しい関係にあり、存如上人の頃から盛んに交流をしていたからです。後に蓮如上人は、吉崎の年貢《ねんぐ》を経覚に届ける

吉崎坊の絵図（滋賀県 照西寺蔵）

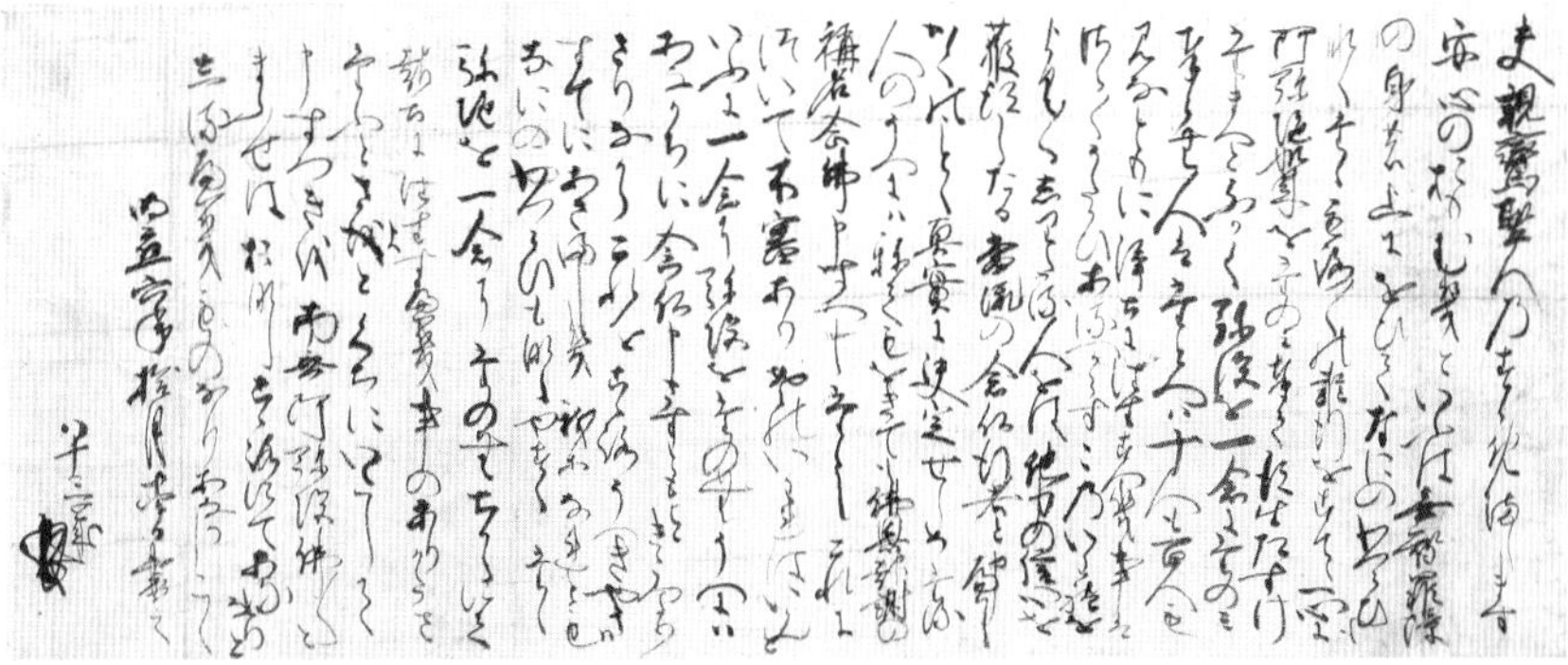

『御文』「無智罪障」（東本願寺蔵）

手助けをしていますが、経覚にとってはそういう利点もあって堂舎建設を許可したのかもしれません。

蓮如上人が吉崎の地で布教を始めると、加賀・能登・越中・越前といった北陸の国々から、続々と参詣者が訪れるようになります。彼らは多屋《たや》（他屋）という居住用の建物を吉崎坊の周辺に建て始め、その数は100～200軒にもなったともいいます。さらに、吉崎での布教活動が進んできますと、吉崎来訪者は北陸一帯だけではなく越後（新潟）・信濃（長野）・奥羽（東北）にまで及んでいき、しかも、毎日何千人何万人という多くの人々が参詣するようになりました。

この吉崎時代に、蓮如上人の布教活動はその頂点を迎えます。それは、①『御文』による教えの伝達、②紙本墨書の行書体六字《ぎょうしょたいろくじ》名号《みょうごう》の頒布《はんぷ》、③正信偈《しょうしんげ》・和讃《わさん》の印刷による勤行の統一、④村落での寄合《よりあい》（講《こう》）の勧め、⑤道場建築の勧めなど、蓮如上人独自の新しいやり方で進められたのです。

一向一揆と吉崎退去

こうして吉崎坊が繁栄してきますと、吉崎を注視する人々も現れてきます。まずお膝元である越前の有力寺院であった平泉寺《へいせんじ》や豊原寺《とよはらじ》の僧侶たちが、吉崎への参詣者の多さを警戒し始めます。また、吉崎の経済的な繁栄を狙った牢人が襲ってくるという噂も飛び交うようになりました。蓮如上人は、吉崎に参詣者が群集することを禁止するとともに、自らは一旦吉崎を離れようとしました。しかし、多屋の人々に連れ戻されて、多屋の人々と次のような取り決めを行いました。

その取り決めを記した文書には、「私がここ吉崎に居るのは、名聞利養《みょうもんりよう》や栄花栄耀《えいがえいよう》を求めているのではなく、ただ往生極楽《おうじょうごくらく》を願ってのことです。また

文明版正信偈和讃（大谷大学蔵）

ここに集まる北陸の人々にも、阿弥陀如来の本願による念仏往生を勧めているだけですのに、この頃、牢人が出張してくるとの噂が方々より聞こえてきます。誠に迷惑なことです」と、まず吉崎が置かれている現状を述べます。そして、彼らから吉崎を守るために深く防御施設を構えたこと、さらに、「仏法を守るためには一命を惜しまず合戦することを「諸人一同の衆議」によって決めた」と書かれています。

この文章が蓮如上人によることは明らかですが、署名は「多屋衆」となっていることから「多屋衆の御文」と呼ばれます。「諸人一同の衆議」というのは、多屋に住む人々の総意という意味であり、それに蓮如上人自身も加わったことを意味しています。この蓮如上人と多屋衆との間で決められた「衆議」が、一向一揆蜂起《ほうき》の根拠となりました。

1474（文明6）年、吉崎に隣接する加賀国で事件が起こります。それは、従来より加賀に教線を延ばしていた真宗高田門徒が、守護の富樫幸千代《とがしゆきちよ》と結んで、本願寺門徒を弾圧し始めたのです。加賀の本

願寺門徒は、吉崎での「衆議」に基づいて仏法を守るために合戦することを決断します。そして、富樫幸千代と守護職を争っていた、幸千代の兄・富樫政親《まさちか》と結んで幸千代と高田門徒の連合軍に対抗しました。結果、政親と本願寺門徒が勝利して、幸千代と高田門徒は加賀国から放逐されます。ところが、翌年、今度は守護となった富樫政親と本願寺門徒とが対立し、本願寺門徒が敗北して越中国へ逃れます。この両年にわたる武力衝突が「文明の加賀一向一揆」であり、史上初の一向一揆として著名です。

蓮如上人は、吉崎の多屋衆と交わした「衆議」がありますので、この一向一揆を表立って批判してはいません。1474年の最初の一揆に関しては、「（守護の富樫幸千代は）仏法に敵対して、後生を願って念仏している農民を罪咎《つみとが》に沈め、攻撃したので、やむなく政親と同心して、守護に反逆したのだ」と、消極的にではありますが是認しているのです。

ただ、蓮如上人自身は武力抗争には基本的に反対の立場であったようで、1475（文明7）年の8月に吉崎を退去します。多屋衆と結んだ「仏法を守るためには一命を惜しまず合戦する」とした「衆議」に反するわけにはいかないので、一向一揆から離脱することによって、武力抗争への反対の姿勢を示した行動と考えられるのではないでしょうか。

蓮如上人腰掛石（吉崎御坊跡地）

第6章
山科《やましな》本願寺の創建

畿内《きない》の布教

１４７５（文明７）年８月下旬、蓮如上人は吉崎を船で退去しました。吉崎逗留《とうりゅう》中、親鸞聖人の御真影を安置していた三井寺南別所（滋賀県大津市）の顕《けん》証《しょう》寺《じ》で、留守に当たっていた長男の順如《じゅんにょ》上人が手配した船であったと言います。船は一日をかけて若狭国《わかさのくに》小浜《おばま》（福井県小浜市）に到着しました。上人はそこから丹波路を越え、摂津国《せっつのくに》（大阪府北部）を抜けて河内国《かわちのくに》出口《でぐち》（大阪府枚方市）に至りました。その途中の京都府南丹市美山町や園部町などには、蓮如上人の通過伝承や布教伝承が数多く残されています。

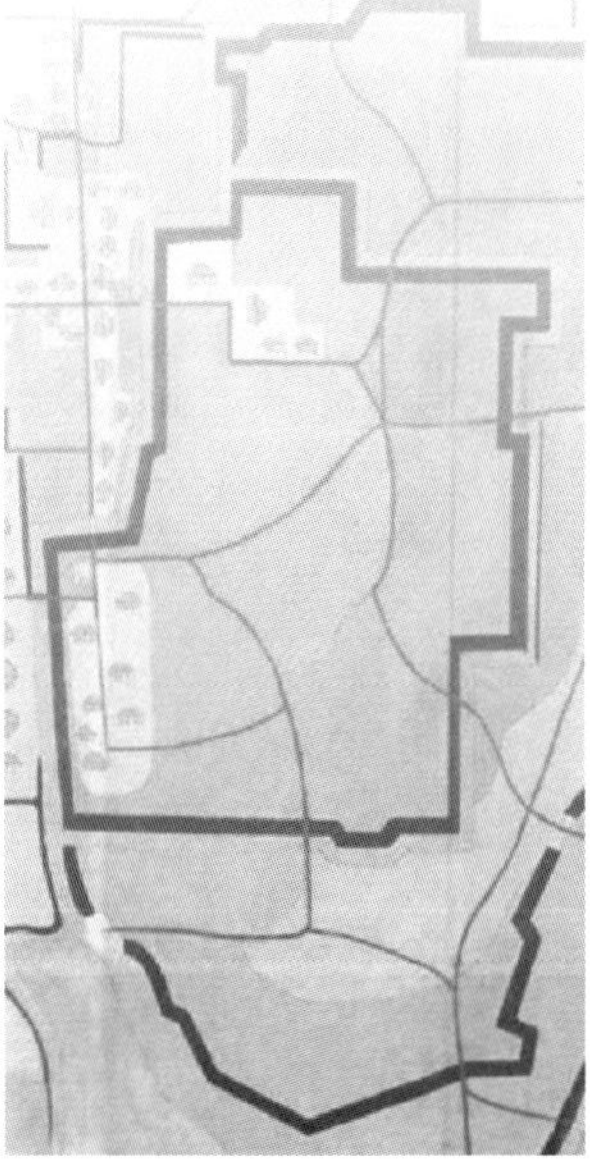

蓮如上人が腰を落ち着けた出口には、門弟の御厨《みくりや》石見《いわみ》入道《にゅうどう》光善《こうぜん》がいて、上人を迎えました。上人はこの出口に一宇の坊舎を建てて、丸３年ここに住むこととなります。この出口坊は順如上人に譲られて、後には光善寺と称しました。出口坊に逗留している３年間、蓮如上人は精力的に畿内各地の布教に努めています。

翌１４７６（文明８）年には、出口と淀川を挟んで対岸にある摂津国富田《とんだ》（大阪府茨木市）に坊舎を建てています。これは、現在は和歌山市に残されている「親鸞聖人御影」（本願寺派鷺森別院蔵）の裏書に、

同年10月29日の日付で「摂州島上郡富田常住也」との充所《あてどころ》が記されていることから判明します。この富田坊は八男・蓮芸《れんげい》に譲られて、後に教行寺《きょうぎょうじ》となりました。

さらに、同年には摂津国堺《さかい》（大阪府堺市）にも坊舎を建立しています。この堺坊は蓮如上人の院号である「信証院《しんしょういん》」と命名されました。堺には商業を営む門弟が多くおり、その一人である樫木屋道顕《かしきやどうけん》の尽力によって建てられたものであると言います。

こうして、吉崎を退去した蓮如上人は、畿内各地を精力的に布教していきましたが、その拠点となったのが、この出口坊・富田坊・堺坊でありました。

山科本願寺の創建

畿内各地を布教しながらも、蓮如上人にとって最も気がかりだったのは、三井寺に預けてある親鸞聖人の御真影を安置する本願寺の再建でした。丸4年を過ごした吉崎坊も、親鸞聖人の御真影を預かってもらった三井寺南別所の近松顕証寺も、上人は本願寺とは呼んでいません。蓮如上人にとって本願寺は、あくまで京都にあるべきと考えられていました。

1478（文明10）年、蓮如上人は出口坊を出て京都の山科に至り、坊舎の造営を始めました。この山科という地は、蓮如上人が若い頃から懇意にしていた、近江金森（滋賀県守山市）の道西《どうさい》（善従《ぜんじゅう》）が推薦したと言われますが、土地を所有していたのは海老名《えびな》五郎左衛門《ごろうざえもん》（浄乗《じょうじょう》）という人物でした。海老名氏は室町幕府の幕臣の系譜を引きますが、蓮如上人の父・

蓮如上人御影（吉崎別院蔵）

存如上人の正室は海老名氏の出身でしたので、そうした関係もあったと言われます。

　翌1479（文明11）年より造営が始まりました。同年にはまず向所《ごうしょ》（綱所）や寝殿《しんでん》といった内向きの建物が建てられ、翌1480（文明12）年にはいよいよ御影堂が、さらに1481（文明13）年には阿弥陀堂が建つなど、造営は順調に進んでいます。建築費用については、「諸国の面々の懇志」（『御文』）によると言われているように、全国の門徒が拠出しました。また、作業に携わったのは、畿内や北陸・東海地域の門徒達でありました。柱などの主たる建材については河内門徒が吉野に入って切り出しましたし、大津門徒は屋根の建材を調達しました。もちろん、門徒の力だけで建物が建つはずはありません。専門的に建築に当たった多くの番匠《ばんじょう》（大工）がありましたし、瓦は河内国誉田《こんだ》（大阪府羽曳野市）の瓦師が焼き、内陣の仏壇は奈良塗師によって作られました。

　こうして再建なった山科本願寺は、御影堂と阿弥陀堂が東面して並び立ち、それぞれに大門と阿弥陀堂門が設置されました。また、寺務所の役割を果たした向所（綱所）、門徒との対面に充てられた寝殿（後の大寝殿）と寝殿大門、さらに客をもてなす亭《ちん》、そして住職家の住まいである御上《おうえ》などの諸殿が完成しま

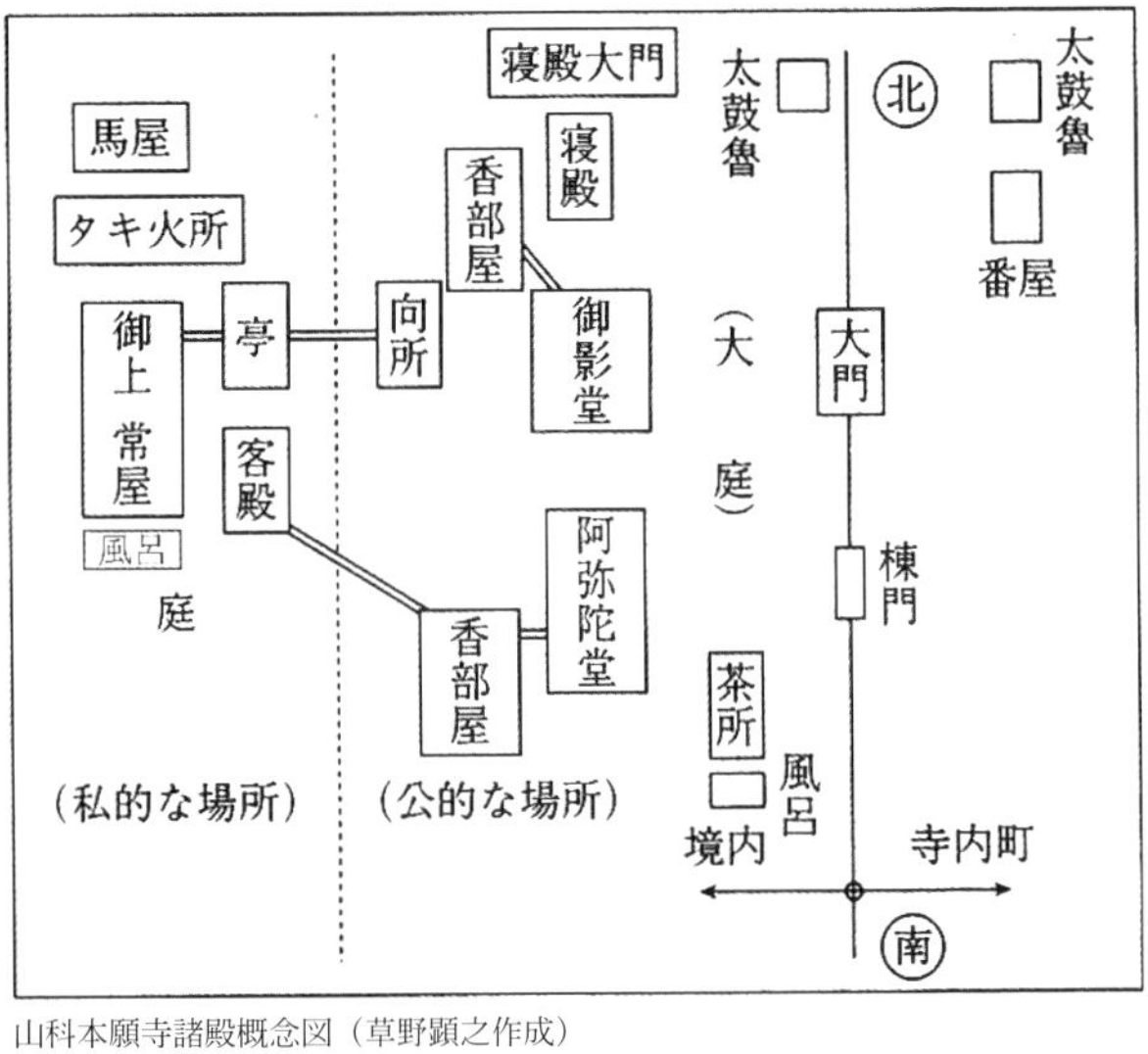

山科本願寺諸殿概念図（草野顕之作成）

した。また、境内には茶所《ちゃじょ》が置かれて門徒達の集いの場となりましたし、太鼓櫓《たいこやぐら》が設置されて、時の太鼓が寺内町《じないまち》に時刻を知らせていました。さらに、風呂が2箇所に設置されて、うち1箇所は寺内住民に開放されました。近年、その風呂の遺構が発掘調査によって発見されています。

山科本願寺の石風呂遺構（(公財）京都市埋蔵文化財研究所所蔵）

このように、着々と山科本願寺の建築は進み、御影堂が完成した１４８０年には、三井寺南別所の近松顕証寺に預けてあった御真影が動座されて、同年11月には報恩講《ほうおんこう》（親鸞聖人の祥月命日の法要）が営まれています。大谷本願寺を失って以来、15年ぶりに本願寺において報恩講が営まれたことになります。蓮如上人の感慨は一入《ひとしお》だったでしょう。なお、「源兵衛《げんべえ》の生首」で知られる伝説は、この御真影の動座に関わって生まれたものです。

ところで、大谷本願寺を破却した比叡山と和解はしていましたが、今回、京都山科に本願寺を再建することには何も問題はなかったのでしょうか。それは、蓮如上人にとっても気がかりであったに相違ありません。そのため、蓮如上人は朝廷と室町幕府に十分な根回しをしておいたようです。と言いますのは、御影堂がほぼ完成した１４８０年の8月には、朝廷から祝儀として香箱《こうばこ》が贈られていますし、同じ頃に室町将軍足利義政の妻である日野富子《ひのとみこ》が本願寺見学に訪れています。このように、朝廷と幕府という京都の二大勢力に話を通した上での本願寺再建でした。

山科本願寺と寺内町

山科本願寺にはその境内地に寺内町《じないまち》が形成されて、多くの一般の人々が居住していたことはよく知られています。また、戦国乱世から身を守るために、周囲を土塁《どるい》と堀とで囲むという防御施設を持っていたことでも著名です。この土塁は現在もその一部が残っていますが、最も状態の良い山科中央公園に残るものは、高さ約9mに及ぶ土塁が小山のような姿を見せています。

この土塁と堀とは、明治の初め頃までほとんどが残されていて、江戸時代に描かれた絵図も多数残っています。その絵図によりますと、本願寺の施設があった中央部分の「御本寺」、それを取り囲むように第2郭目の「内寺内」、さらにその外側に第3郭目の「外寺内」が、屈曲《くっきょく》をもつ三重の土塁と堀とで囲まれていました。この屈曲は、外部からの侵入を防ぐための施設（横矢《よこや》）と言われ、戦国大名の城などに見られるものです。これら三重の土塁と堀とで囲まれた領域は、30ha以上の広さがありました。

一般の人々はこの第3郭目に町を造って居住していたと言われ、絵師や表具師や鍛冶などの手工業者、

山科本願寺土塁（山科中央公園）

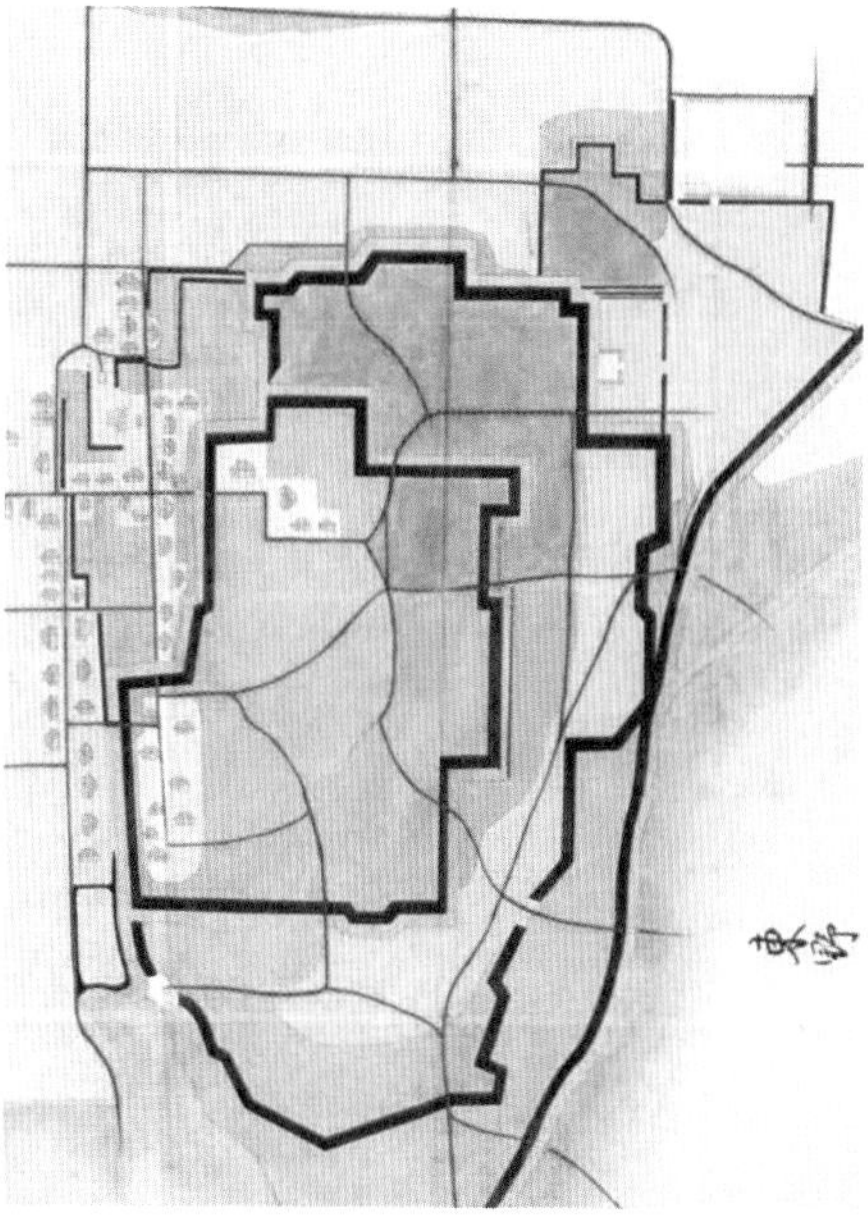

山科本願寺旧迹図（大谷大学博物館蔵）

魚を売る小売業者、さらには為替《かわせ》をあつかう大規模商人までもがいました。彼等は、本願寺が打つ太鼓の音によって時刻を知って生活するというように、本願寺・寺内町の一体的な日常が営まれていました。山科本願寺・寺内町を訪れた貴族は、「ただ仏国のごとし」（『二水記《にすいき》』）とその繁栄ぶりを書き残しています。

この城郭を思わせるような屈曲をもつ土塁は、以前は、蓮如上人が山科本願寺を創建した当初に造られたと考えられていました。しかし近年の研究では、蓮如上人の創建時には、寺院の囲いとして普通に見られる、方形の築地塀《ついじべい》で囲まれていたと考えられており、次代の実如上人の永正年間（１５０４～21）に、畿内の政情不安に対応すべく構築されたものであると考えられています。

蓮如教団の全国的拡大

蓮如上人が山科本願寺の建築に力を注いでいたころ、真宗諸門流の蓮如教団への参入が相次ぎました。まず、山科本願寺がほぼ完成しようとしていた１４８１（文明13）年、佛光寺《ぶっこうじ》住職の経豪《きょうごう》が参入しました。経豪は佛光寺13世の光教上人の長男で14世を譲られましたが、父が没すると蓮如上人へ帰依《きえ》の意志を鮮明にし、上人の長男である順如上人を通して実行しました。この時、佛光寺に48坊あった中本寺のうちの42坊までが経豪に従ったと言います。蓮如上人は経豪に蓮教《れんきょう》という法名を与え、佛光寺の旧号である興正寺《こうしょうじ》（興正派本山）を名乗らせました。
翌1482（文明14）年には、覚如上人の門弟・乗専《じょうせん》の開いた毫摂寺《ごうしょうじ》の住職善鎮《ぜんちん》が参入します。蓮如上人はこの善鎮も優遇して正闡坊《しょうせんぼう》と号させました。この善鎮は越前三門徒派の本山の一つ証誠寺《しょうじょうじ》（山本派本山）の住持も兼ねていましたので、善鎮に従って参入した越前門徒も相当あったと考えられましょう。

さらに、少し遅れて1493（明応2）年には、錦織寺勝恵《きんしょくじしょうえ》も参入します。錦織寺（木部派本山）はもともと関東の横曽根門徒の系譜を引く近江国野洲郡（滋賀県野洲市）の寺院でしたが、南北朝期に覚如上人の孫・綱厳《こうごん》が入寺しています。しかし、その後は本願寺とは別の歩みを取っていましたが、その住職である勝恵が蓮如上人に帰依したのです。勝恵が参入した時には、摂津国や河内国の門徒が従ったと言います。蓮如上人は、勝恵に勝林坊《しょうりんぼう》との坊号を与え、娘の妙勝尼《みょうしょうに》を配して三栖《みす》（京都府伏見区）に住まわせましたが、後には吉野下市《しもいち》（奈良県吉野郡）に転じて願行寺と号しました。

佛光寺経豪、毫摂寺・証誠寺善鎮、錦織寺勝恵などが率いていた真宗諸門流は、本願寺とは別の歴史を歩んできていました。そのそれぞれの組織を率いる住職が蓮如上人に帰依し、教団に参入したのですから、住職に従った門徒も数多くいました。特に、佛光寺経豪の場合は、中本寺48坊のうち42坊が従ったと言われますから、教団の大部分を引き連れての参入であったと言えます。この佛光寺教団は関東に誕生した教団でしたが、他教団に比して積極的に遠隔地への伝道を行っており、関東から東海に、東海から北陸や畿内に、畿内から中国・四国や九州へと教線を伸ばしていた全国的な大教団でした。

ですから、この佛光寺経豪と中本寺42坊の参入は、全国に展開する巨大な佛光寺教団が、北陸・三河・畿内などに門徒を抱える小さな本願寺教団に参加したということになります。蓮如教団が一気に全国的に拡大したと言われるのは、こうした他門流の参入によるところが大でした。

晩年と大坂坊

本願寺の再建を京都山科の地で実現した蓮如上人は、１４８９（延徳元）年に住持（住職）を実如《じつにょ》上人に譲り、南殿《なんでん》に隠居しました。南殿とは山科本願寺の東方約１㎞にあった飛地境内《とびちけいだい》です。南殿も周囲を二重に土塁と堀とで囲い、中央部分には持仏堂を伴う山水亭という住まいと、築山や園池をもつ庭園が築かれました。現在も一部分ではありますが土塁や庭園の跡が残っています。

蓮如上人は南殿に隠居したものの、布教活動を止めたわけではありません。隠居後も、本願寺住職の務めである免物《めんもつ》（免許された法宝物）への裏書もしていますし、『御文』も精力的に執筆しています。そして、晩年の１４９６（明応５）年の秋、摂津国東成郡生玉荘《いくたまのしょう》内の大坂（現、大阪城の地）を占拠して、大坂坊を建立します。蓮如上人、最後の大仕事でした。上人は、出口坊や富田坊とともに、この大坂坊にも度々滞在しており、畿内各地の門徒達への教化の拠点となりました。

この大坂坊を建てた頃から、蓮如上人は病気がちとなり、１４９９（明応８）年３月25日に、山科で亡くなりました。まさに、波瀾万丈のご生涯と言えるのではないでしょうか。

山科本願寺南殿遺構（京都市山科区）

第7章

本願寺の大坂移転と権《けん》門《もん》化《か》

実如・証如《しょうにょ》・顕如《けんにょ》　三上人の時代

1499（明応8）年に蓮如上人が示寂しました。85年の生涯を真宗再興にかけたご一生でした。蓮如上人没後、本願寺住持は9代・実如上人、10代・証如上人、11代・顕如上人と次第されていきます。この三上人の時代はちょうど戦国時代に当たり、一向一揆という武装集団を内包する本願寺は、否応《いやおう》なく戦国争乱に巻き込まれていきます。しかし、それにもかかわらず、一方では蓮如上人時代に巨大化した本願寺教団の組織化・制度化が推し進められます。そして、それとともに本願寺の社会的地位が著しく向上し権力を有する（権門化）のもこの時期でした。

戦国乱世と本願寺の大坂移転

実如上人の時代には、戦国の争乱が激しくなるなか、永正年間（1504～21）に、山科本願寺において2度の大規模な土木工事が行われました。山科本願寺と寺内町を囲う三重の土塁と堀とが構築され、あたかも城郭のような防御施設が造られたのです。その1506（永正3）年に、前代未聞の出来事が起こります。

この頃、室町幕府の管領家《かんれいけ》である細川氏と畠山氏は、河内国（大阪府東部）を戦場に相争っていましたが、この年、畠山義英《よしひで》の拠る誉田城《こんだじょう》（大阪府羽曳野市）を細川政元《まさもと》の軍勢が攻撃します。その時、政元は実如上人に、河内と摂津の本願寺門徒を動員してほしいと依頼します。上人はそのようなことはできないと断り続けますが、政元は蓮如上人とも親しくしていたことに加え、何度も何度も懇願されましたので、ついに河内と摂津の門徒に細川勢への合力を命じました。しかし、河内・摂津の門徒はこれを拒否したため、やむなく上人は加賀国から１０００人ほどの軍勢を召し寄せて、これを誉田城責めに加わらせたのです。

この１５０６年には、摂津国や河内国に限らず、各国で一向一揆が結成・蜂起しており、しかも彼らは武装（具足懸《ぐそくかけ》）をし始めたともいわれます。こうした一揆勢の活動は、各地域において在地勢力との軋《あつ》轢《れき》を生み始めました。

次代の証如上人の１５３２（天文元）年、京都近郊で巻き起こった一向一揆は、京都の住民に恐怖感

第９代・実如上人御影（東本願寺蔵）

第10代・証如上人御影（東本願寺蔵）

を与えました。京都の住民には法華宗信者が多かったのですが、彼等は法華一揆を結び、先手を打って一向一揆の拠点である山科本願寺を攻撃しました。この時、やはり本願寺と対立していた近江国（滋賀県）の守護である六角氏《ろっかくし》が攻撃に参加しています。山科にある本願寺を、西からは京都の法華一揆が、東からは近江の六角勢が挟撃《きょうげき》したわけです。本願寺側もよく応戦しましたが、結局、寺内への侵入を許し焼き討ちに遭ってしまいました。証如上人らは落ちのびて、山科南方の醍醐寺《だいごじ》を経由して大坂坊に至ります。そして、この大坂坊を山科に代わる本願寺と定めたのです。

大坂に本願寺を移した証如上人は、これまで敵対していた諸勢力との融和に努めました。まず、1535（天文4）年には細川晴元《はるもと》方と、翌年には足利義晴《よしはる》方、さらには六角定頼《さだより》方との和議が調い、大坂本願寺を脅《おびや》かす勢力がなくなりました。一方で、この頃から加賀国（石川県）に荘園をもつ寺社・公家・武家などから、一向一揆に押領《おうりょう》されている荘園年貢を何とかしてほしいとの依頼が、本願寺に届くようになります。証如上人は、できるだけこれに応じて、加賀一向一揆に荘園領主の知行回復《ちぎょうかいふく》を命じました。これによって、本願寺の社会的な地位向上が図られていくのです。

この大坂本願寺において証如上人から住職を引き継いだのが顕如上人でした。顕如上人の時期になりますと、畿内の諸勢力とは友好関係が築かれていて、比較的穏やかな日々が続いていました。しかし、畿内の外からこれまでに無い強敵が現れました。尾張国（愛知県）の織田信長《おだのぶなが》であります。この信長とは10年間にわたって大坂本願寺を巡る対立抗争を行いました。「石山合戦」と呼び馴《なら》わす戦いですが、この内容については、次の章で詳しく述べます。

このように、実如・証如・顕如の三上人の時代は、正《まさ》しく戦国乱世のまっただ中にあり、武装した一向一揆を内部に抱えた本願寺教団は、否応なく戦国の争乱に巻き込まれていきました。しかし、一方では本願寺の組織化・制度化が進められたのもこの時期

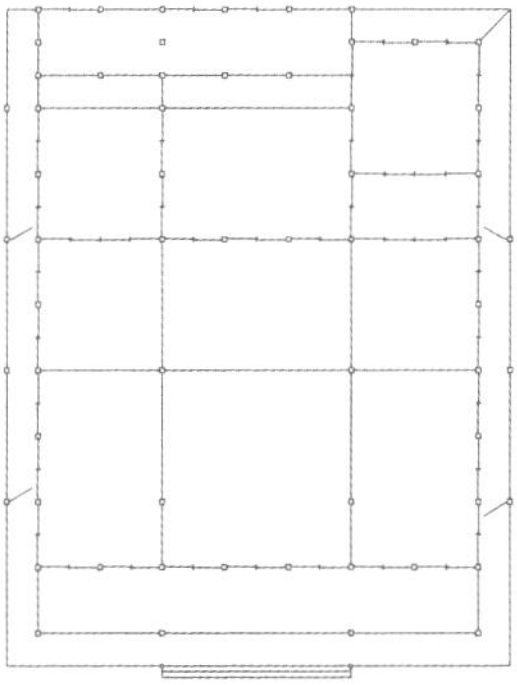

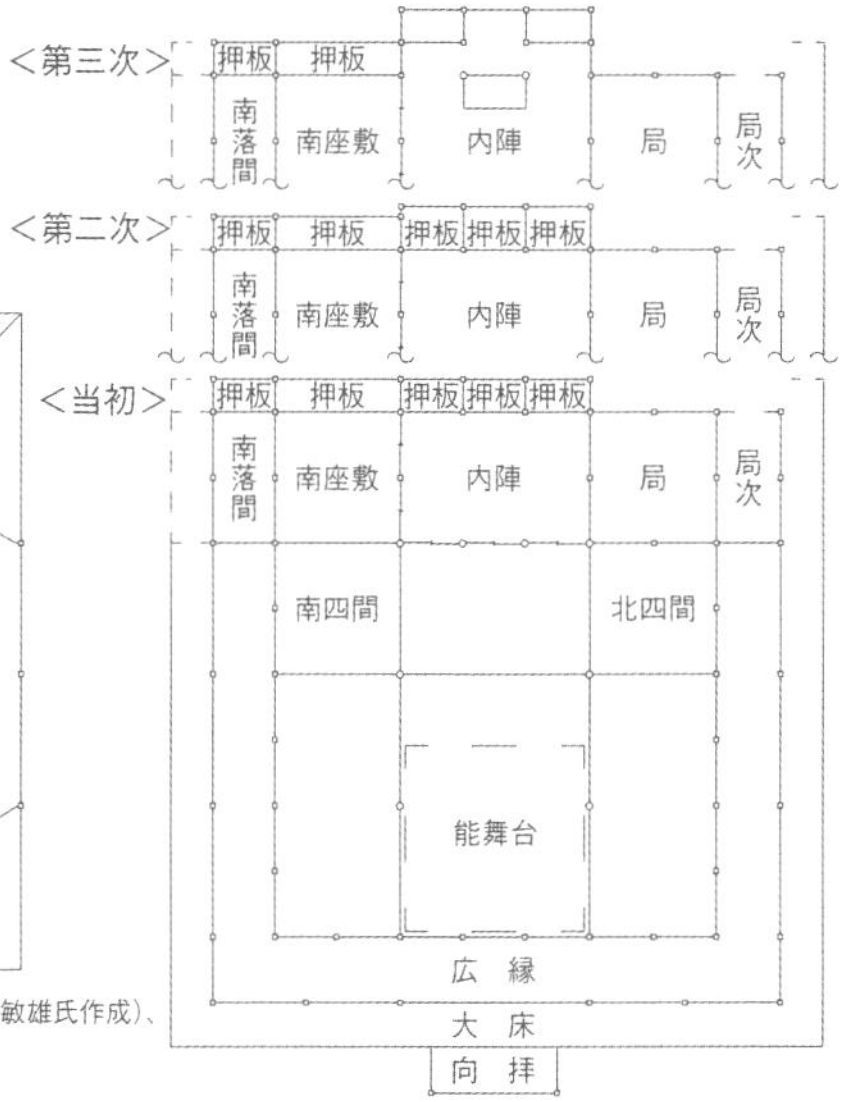

大坂石山本願寺御影堂推定復元図（右・櫻井敏雄氏作成）、
及び照蓮寺本堂平面図（左）（1/300）

［上］大坂本願寺・寺内町模型（難波別院蔵）
［下］大坂本願寺・御影堂推定復元図（櫻井敏雄氏作成）

でした。

〔略系図〕

8 蓮如
｜
9 実如
｜
円如
｜
10 証如
｜
11 顕如
├ 12 教如
└ 准如

※数字は本願寺歴代を示す

本願寺教団の組織化・制度化

実如・証如・顕如の三上人の時代は、蓮如上人の時代に巨大化した本願寺教団をまとめるため、教団組織や制度の整備が進んだ時期でもありました。

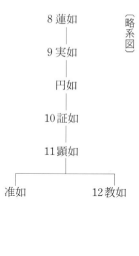

まず、実如上人は一大政治勢力と化した一向一揆統制のために、武装を禁止することなどを定めた「三箇条の掟《おきて》」を出したり、本願寺の親戚寺院を一門と一家とに分ける「一門一家制」を定めたり、真宗寺院が在地勢力と軋轢《あつれき》を生むことを防ぐために、新寺建立を制限するなどの教団統制を行いました。また、教学・儀式面では、長男の円如《えんにょ》上人に命じて、蓮如上人の『御文』を五帖にまとめた『五帖御文《ごじょうおふみ》』を編さんしたり、本願寺の年中行事を定めるなどの諸事業を推し進めています。

次の証如上人の時代は、移転した大坂本願寺において一段と進んだ教団編成が行われました。一つは「頭制度《とうせいど》」と呼ばれるものです。これは、親鸞聖人と前住・実如上人の毎月の命日、および歴代住職の年に一度の祥月命日に本願寺で催される仏事に、各地の地域教団の代表者が「頭人《とうにん》」として上山し、仏事にかかる費用を全て負担するという制度でした。本願寺住持や列席した一家衆《いっけしゅう》に対する布施はもちろん、同時に開催される「斎《とき》」（食事）にかかる費用もこの頭人が負担しました。いま一つが「三十日番《さんじゅうにちばん》衆制度《しゅうせいど》」と呼ばれるものです。これは、やはり各地の地域教団の代表者が「番衆《ばんしゅう》」として順番に上山し、御影堂に一ヵ月間詰めて警固《けいご》を行うという制度です。一ヵ月の滞在期間のなかで必ず一度、本願寺住持と対面の場がもたれ、そこでは盃を交わすと同時に地域の特産物や酒樽・懇志などが納められました。

こうした、「頭制度」や「三十日番衆制度」に上山する地域教団の代表者は、「直参《じきさん》」とか「直参衆《じきさんしゅう》」とか呼ばれており、本願寺教団内でも特権的な立場にありました。それは、現在では全ての寺院に安置されていますが、「親鸞聖人御影」や「前住上人御影」の安置が特別に許されたのです。これによって「直参」寺院は、地域のなかで親鸞聖人や前住上人の仏事を営み、周辺の門徒の参詣を促すことができました。こうして地域教団の中核寺院となれたのです。

「頭制度」や「三十日番衆制度」の確立は、本願寺に大きな収益をもたらしましたが、同時に、本願寺と地域教団を強固に結びつける役割をも果たしました。また、地域教団においても「直参」寺院を中心とする強固なまとまりが生まれました。この証如上人の時代にできた本願寺教団の体制は、戦国期教団を代表するものであると言えましょう。

顕如上人の時代も、こうした諸制度のもとに、ますます本願寺教団は強大化していきました。次で述べる本願寺の門跡成の直後に催された親鸞聖人三百回御遠忌《ごえんき》では、本願寺の内陣の荘厳《しょうごん》に始まり、声明《しょうみょう》作法、あるいは衣体《えたい》までもが改められました。後の時代にまで続く儀式のあり方が、この時を契機に始められたのです。

本願寺の権門化

こうして、戦国時代の本願寺は、戦国の争乱に巻き込まれながらも、教団組織や制度を整えていき、教団が内包する一向一揆の武力と、全国の門徒から寄せられた布施や懇志、また山科・大坂に築かれた寺内町の繁栄を背景とした経済力で、戦国社会に確固たる地位を得ました。それは、本願寺、またその住持（住職）の身分上昇によって本願寺が大きな権威と権力をもつことにつながりました（権門化）。

実如上人は、１５１４（永正11）年、後柏原《ごかしわばら》天皇の第3皇子である清彦親王《きよひこしんのう》の得度に二千疋《ぴき》（二十貫《かん》文《もん》）の金子《きんす》を進上して、青蓮院から香袈裟《こうげさ》の着用を許されます。さらに、１５１８（永正15）年には、今度は同親王の受戒に対して一万疋の献金をして紫《し》袈《げ》裟《さ》着用が認められました。

この香袈裟や紫袈裟は僧綱《そうごう》（国家の役人である官僧）の着する高位の袈裟であり、蓮如上人の頃までの本願寺ではありえないことでした。

証如上人は、さらにそれを推し進め、１５２８（享禄元）年、天皇から直接「法眼《ほうげん》」の僧位（法印に次ぐ2番目の僧位）を受けます。それまでの本願寺住持の僧官僧位は、全て青蓮院から受けたものでありましたから、この「直叙法眼《じきじょほうげん》」は一段格の違う僧位でした。さらに上人は、同年、摂関家である九条家の猶子（仮の子ども）にもなりましたが、これもやはり、それまで日野家や広橋家など日野流の猶子となっていた本願寺住持と比べると異例のことでした。さらに上人は、１５４０（天文9）年には最高位の衣である紫衣《しえ》を免許され、さらに１５４９（天文18）年には天皇より僧正《そうじょう》（極官《ごっかん》）を授けられるなど、僧官僧位を最高位へと上昇させています。

しかし、こうした天皇から直接に僧官僧位を受けるといった行為は、本願寺に天皇尊崇の姿勢を取らせていきました。１５３６（天文5）年には、結局認められませんでしたが、本願寺を天皇や摂関家の子弟が入寺する最高位の寺格「門跡」に準じる「脇《わき》門跡」にと願い出ています。さらに、１５３８（天文7）年には、阿弥陀堂の本尊両脇に、今上《きんじょう》天皇（後《ご》奈良《なら》）の寿牌と、前天皇（後柏原）の位牌を設置します。いわゆる天牌奉安《てんぱいほうあん》の始まりです。また、１５５２（天文21）年には天皇家の祭神である伊勢神宮の遷宮《せんぐう》費用に、千疋の寄進を行ってもいます。

こうした本願寺権門化が頂点を迎えたのが顕如上人の時代です。１５５５（弘治元）年には、父の証如上人と同じく、天皇より直接法眼に叙せられ（直叙法眼）、１５５９（永禄2）年には、ついに寺院として最高位の寺格である「門跡」に補せられたのです。門跡になったことで門跡を補佐する「院家《いんげ》」を設置することができるようになり、一門寺院である本宗寺・願証寺・顕証寺等8ヵ寺がそれに任じられました。また、「坊官《ぼうかん》」という門跡の庶務を処理する事務官も置かれ、寺侍であった下間氏の3人がこれに任じられました。門跡・院家・坊官は、当時の社会に広く公認された寺格や役職でしたので、これによって本願寺が公然と一大権門寺院となったことを内外に表明したのです。

親鸞三百回忌

そして、本願寺が門跡になった直後、1561（永禄4）年に親鸞聖人の三百回忌が勤まりました。この時、これまで本願寺で行われていた荘厳や声明作法が改められたことが記録されています。まず荘厳面では、御真影が安置されている厨子《ずし》の内部が金箔で飾られ、厨子周りの彫り物には彩色が施されました。また、金の「釣灯台《つりとうだい》」が拵《こしら》えられたとありますが、これは現在の輪灯《りんとう》のことであろうと推測されます。さらに、住持以下の装束《しょうぞく》も、最高位の衣である僧綱襟《そうごうえり》をもった法服《ほうぶく》に衲袈裟《のうげさ》（七条袈裟）が準備されました。

声明作法の面では、正信偈ではなく浄土三部経《さんぶきょう》（『仏説無量寿経』『仏説観無量寿経』『仏説阿弥陀経』）の読経が中心となり、御真影を中心に出仕者が内陣を旋《せん》繞《にょう》（須弥壇《しゅみだん》の周囲を回る作法）する行道《ぎょうどう》の作法も始めて取り入れられています。この三百回忌は本願寺で催《もよお》された初めての御遠忌でありましたが、同時に、本願寺が寺社権門を代表する立場に立ったことを内外にアピールする法《ほう》会《え》となったのです。

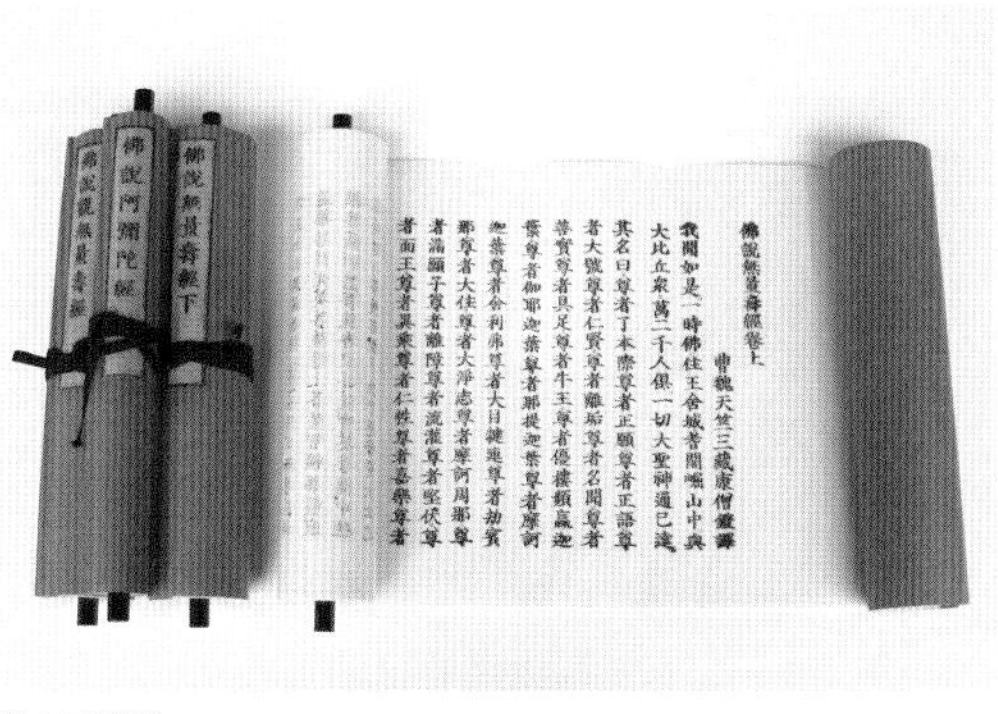

浄土三部経

第8章
石山合戦と東西分派

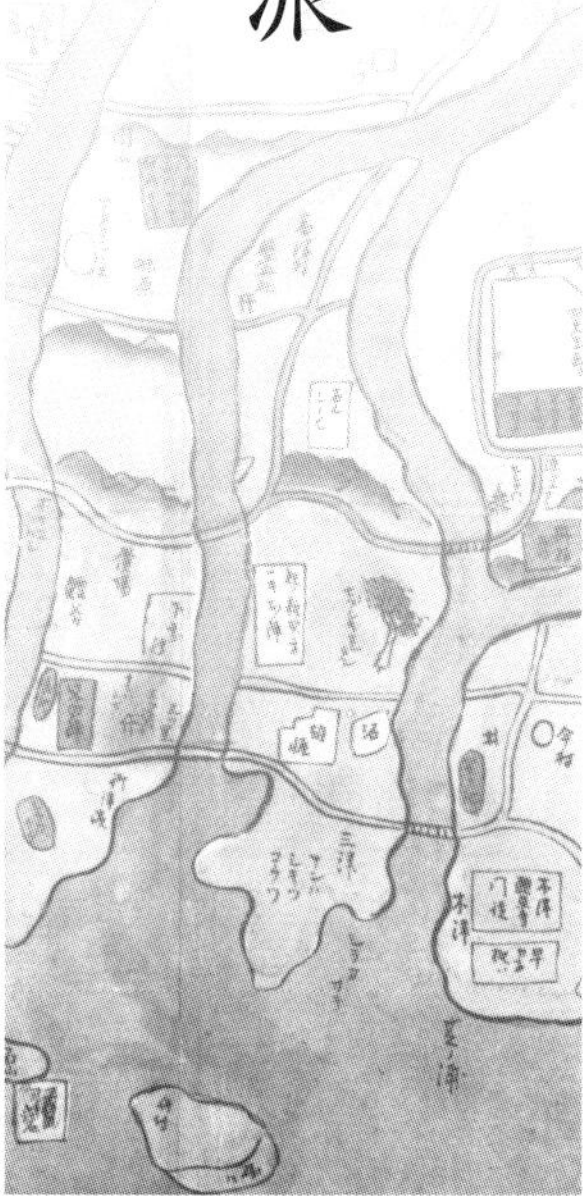

織田信長との10年戦争――石山合戦

１５６８（永禄11）年、織田信長が、足利義昭《あしかがよしあき》を君主といただき、室町幕府の復興を旗印として京都に上ってきました。室町幕府13代将軍・足利義輝《よしてる》は義昭の兄でしたが、敵対する三好氏《みよしし》の家臣である松永《まつなが》久秀《ひさひで》に暗殺されたため、義昭は朝倉氏を頼って越前国（福井県）へ逃れていたのです。その義昭を将軍にするとの名目での上洛でした。

信長は京都を押さえると、義昭を将軍とすることに反対する阿波国《あわのくに》（徳島県）の三好氏が進出していた、摂津国（大阪府北部）の野田・福島に向かって軍を進めました。この野田・福島のすぐ脇には大坂本願寺がありましたが、本願寺に対して信長は寺地の明け渡しを要求し、要求に応じないときは本願寺を破却すると通告していました。住職の顕如上人はこれを拒否し、全国の門徒に檄《げき》を飛ばして、徹底的な抗戦を決意します。もともと、本願寺は信長と対立する三好氏と良好な関係を保っていましたから、信長軍が進んでくると、信長と本願寺との間にも緊張が走りました。

１５７０（元亀元）年9月12日に、信長軍が陣取っていた楼《ろう》の岸砦《きしとりで》と川口砦に、本願寺側から鉄砲を撃ちかけたことをきっかけに、10年にわたる「石山合戦」が始まりました。「石山合戦」がこれほど長く続いた一つの要因に、足利義昭が画策した反信長包囲網がありました。足利義昭は信長から与えられた形ばかりの将軍職には満足せず、信長を排除するために、信長と敵対していた三好氏や、越前の朝倉氏・近江の浅井《あざい》氏、宗教勢力である比叡山延暦寺や本願寺と通じ、さらに遠く甲斐国《かいのくに》（山梨県）の武田信玄にも上洛を促していました。また、顕如上人の檄に応じて、加賀（石川県）や越前（福井県）の一向一揆を始め、近江湖北（滋賀県）や伊勢長島（三重県）の一向一揆も武装蜂起して、信長を苦しめました。

　しかし、1571（元亀2）年に信長は比叡山焼き討ちを決行して延暦寺勢を屈服させ、1572（元亀3）年には西上してきた武田信玄《たけだしんげん》を三河国（愛知県）東部でなんとかくいとめ、1573（元亀4）年には将軍義昭を追放するとともに、浅井・朝倉両氏を滅亡させるなど、敵対する諸勢力を次々と排除していきます。一向一揆についても、1574（天正2）年には伊勢国（三重県）の長島一向一揆を、1575（天正3）年には越前国の一向一揆を殲滅《せんめつ》し、さらに1577（天正5）年には本願寺を守る紀伊国《きいのくに》（和歌山県）の鉄砲隊・雑賀《さいか》一揆を降して、東海・北陸・畿内をほぼ制圧したのです。

織田信長像（長興寺（豊田市）所蔵）
［写真協力 豊田市郷土資料館］

　信長にとって、残る最も大きな敵対勢力が大坂本願寺でありました。本願寺は専門の武士団を擁する信長軍に抗《こう》すべくもなく、1576（天正4）年からは籠城《ろうじょう》のやむなきに至りました。この籠城する本願寺を助けたのは、追放された足利義昭が頼っていた中国地方の毛利《もうり》氏です。村上水軍や河野水軍の船を使って、兵糧《ひょうろう》が本願寺に運び込まれ、籠城は粘り強く続けられました。しかし、1578（天正6）年になると、信長は毛利氏を攻撃するために羽柴秀吉《はしばひでよし》（後

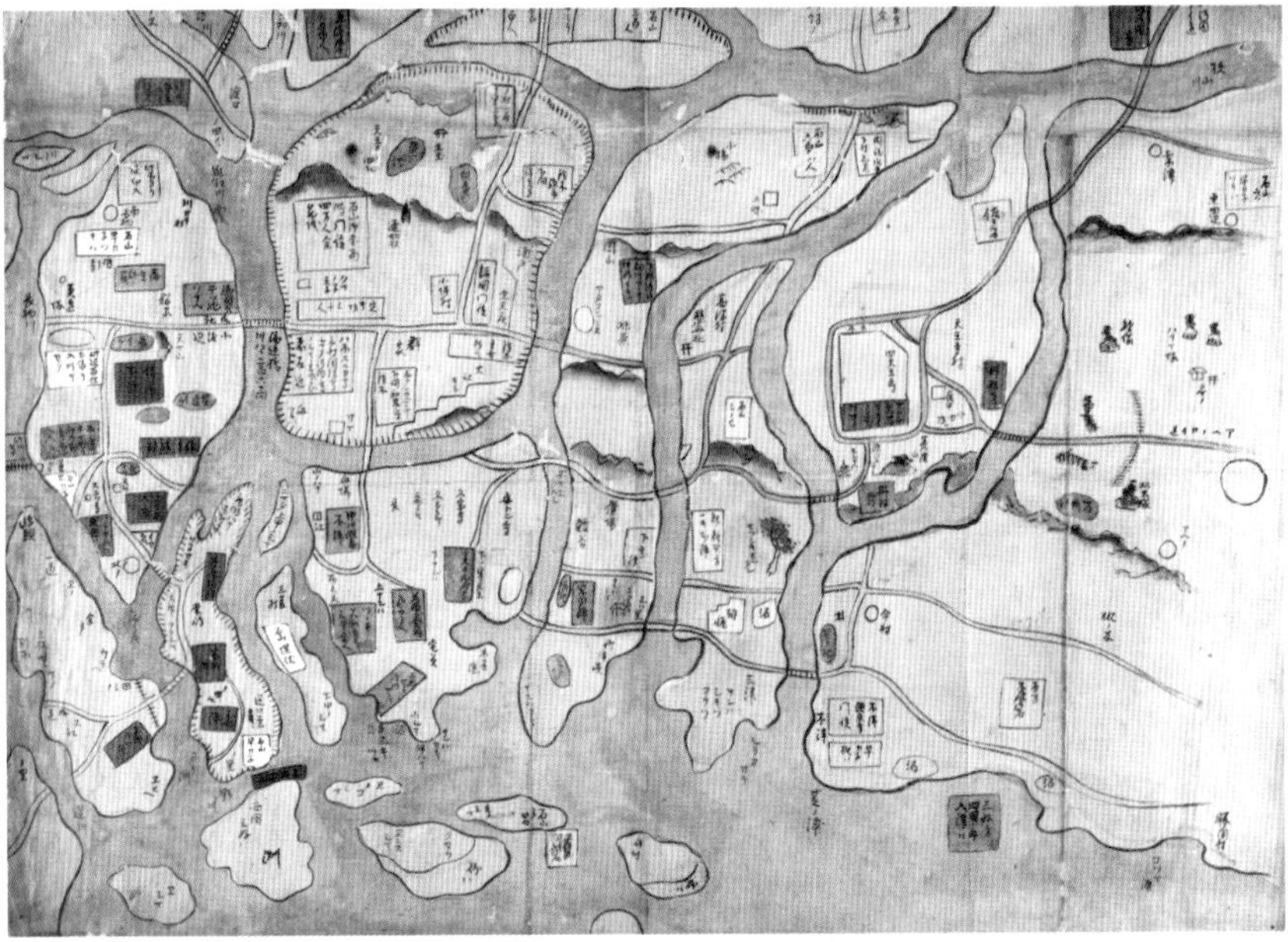

石山合戦配陣図（大阪城天守閣蔵）

の豊臣秀吉《とよとみ》）を中国攻めに向かわせ、海上では九鬼《くき》水軍に鉄甲船《てっこうせん》を造らせて毛利水軍を撃破します。こうして、徐々に本願寺は孤立していきました。

しかし、信長は力ずくで本願寺を殲滅しようとはせず、正親町《おおぎまち》天皇に和睦《わぼく》の仲裁を求めました。1580（天正8）年3月に、本願寺とその教団の存続は認めること、かわりに大坂を信長に引き渡す事など、信長が出した和睦の条件をもった天皇の使者が本願寺に出向きました。顕如上人らは叡慮《えいりょ》（天皇の考え）による和睦（勅命講和）に反することはできないとこれを受諾し、同年4月9日に大坂から退出しました。

教如上人の籠城と流浪

ところが、大坂に籠城していた人々の中には、この和睦に強く反対する者がいました。彼らは、顕如上人の長男である教如《きょうにょ》上人を中心に、籠城を続けることを決断します。これを「大坂抱様《おおさかかかえざま》」と呼びます。

教如上人が籠城継続を決断する理由を表明した消

息には、例えば「蓮如上人以来数代にわたる御真影の御座所《ござしょ》を法敵に渡し、馬の蹄《ひづめ》に汚されるのは余りに嘆かわしい」など、蓮如上人が開いた大坂という真宗の聖地を汚されることへの嫌悪感が第一にありました。また、「信長が本願寺の存続を認めると言うのは偽《いつわ》りで、本願寺を殲滅しようとしている」と、信長の表裏《ひょうり》（言行不一致）を訴えた消息も見られます。

さらに、籠城を続ければ身に危険が及ぶことになるかもしれないことに関しては、「親鸞聖人の御座所で命を捨てることになっても満足である」という、大坂護持への強い意志を示した消息が残されており、命がけでの籠城継続であったことがわかります。

「石山合戦」で大坂本願寺に籠城していた近江国（滋賀県）の末寺住職は、自坊に残した子息に次のような書状を送っています。「信長は大敵であり、この城（本願寺）は防ぎがたく、私の最期も近づいてきたと感じております。貴方が成人する姿を見届けたいと思っていましたが、法（仏法）を守るために命を捨てることは本望のきわみであります。決して悔やまないでください。お母さんが歎かれることでしょうが、貴方が助けてあげて下さい」（日野町明性寺蔵「賢了書状」）と。籠城を継続した教如上人と上人を支持する人々の気持ちが一体化していたことをよく表す書状でしょう。

ともあれ、こうして教如上人と支持する人々は、顕如上人らが退出した後も本願寺に留まり、全国の門徒

第11代・顕如上人御影（東本願寺蔵）

第12代・教如上人御影（東本願寺蔵）

に支援を依頼しつつ籠城を続けました。しかし、教如上人らは信長軍に包囲されて兵糧も武器もままならず、また外部からの支援も期待できない状態となっては、それほど長く籠城を続けられる筈もありません。信長は再び朝廷に働きかけ、新たな和睦条件を示して使者の派遣を行います。教如上人らはこれを拒否することも出来ず、籠城継続を始めてから4ヵ月弱、同年8月2日ついに大坂本願寺を明け渡すことになりました。

大坂を退出した教如上人らは、まず顕如上人のいる鷺森《さぎのもり》（和歌山市）を訪ねます。しかし、顕如上人の勘気《かんき》はやんでおらず、対面を拒否されてしまいます。行くあてのない教如上人らは、最初甲斐国（山梨県）の武田氏を頼ろうとしますが、甲斐へは行き着けないと判断し、信長の目を避けるように、岐阜から長良川を北上して中部山村地方を転々としました。

教如上人、本願寺への復帰と継職

1582（天正10）年6月、織田信長は明智光秀《あけちみつひで》に攻撃され本能寺《ほんのうじ》で死去します。すると、すぐに正親町天皇は顕如上人と教如上人とに和解するように働きかけました。ここに顕如・教如の両上人の和解がなって、教如上人は住職後継者としての立場に復帰します。

信長亡き後、天下統一の事業を継承したのは豊臣秀吉でした。秀吉は信長とは異なり本願寺と友好的な関係を結びました。秀吉の命で、本願寺は和泉国《いずみのくに》（大阪府南部）の貝塚に移り、さらに1586（天正14）年には大坂天満《てんま》の地に寺地を与えられて本願寺が再建されます。しかし、ここで落ち着く間もなく、今度は京都への移転が命じられました。1591（天正19）年に顕如・教如両上人は京都の堀川七条に移り、天満本願寺の御影堂が移築され、阿弥陀堂が新たに建立されました。現在の西本願寺の地です。

堀川七条で両堂がなった1592（文禄元）年に顕如上人が示寂します。50歳でした。父・証如上人が若くして亡くなったため、12歳という若さで住職を継承し、織田信長との熾烈《しれつ》な「石山合戦」や、豊臣秀吉との友好的ながらも緊張を強いられる関係にあった本願寺を背負った生涯でした。

　顕如上人が亡くなりますと、住職継承者の立場にあった教如上人が跡を継ぎました。豊臣秀吉は顕如上人の示寂を悼《いた》むとともに、教如上人が本願寺を相続して、勤行を怠けることなく本願寺を運営し、二人の兄弟を指導し、また母親に孝行するようにとの朱印状を教如上人に送りました。上人はこれをうけて、これまで自身を支えてきた家臣を重用するなど、教団体制の改革を行いました。これによって、秀吉政権下で本願寺が安定的に運営されるかにみえました。

豊臣秀吉像（高台寺所蔵）

教如上人隠退と真宗本廟（東本願寺）の創立

　ところが、教如上人が継職して一年も経たない1593（文禄2）年10月、上人は突然、豊臣秀吉から大坂城へ呼び出されます。上人が、家老の下間頼《しもつまらい》廉《れん》と下間仲之《なかゆき》を伴って大坂城に至ると、秀吉が家臣を通して、次のように伝えました。まず、教如上人は大坂本願寺に居座った信長様の大敵であること、顕如上人が教如上人は不行儀であると言っていたこと、顕如上人が排斥していた家臣を重用したこと、などなどの罪状がある。そしてなにより、顕如上人が弟の准如《じゅんにょ》上人に跡を譲ると記した譲状が残されているので、10年間教如上人が住職を勤めた後、弟の准如上人に跡を譲るようにと命じました。

　教如上人はこれを受諾しますが、家臣の一老であった下間頼廉が、教如上人は惣領であること、また譲状は不審であるし、そもそも家臣に披露されて始めて譲状と認められるものだから、秀吉の仰せは迷惑であると反論します。すると秀吉は怒り、直ち

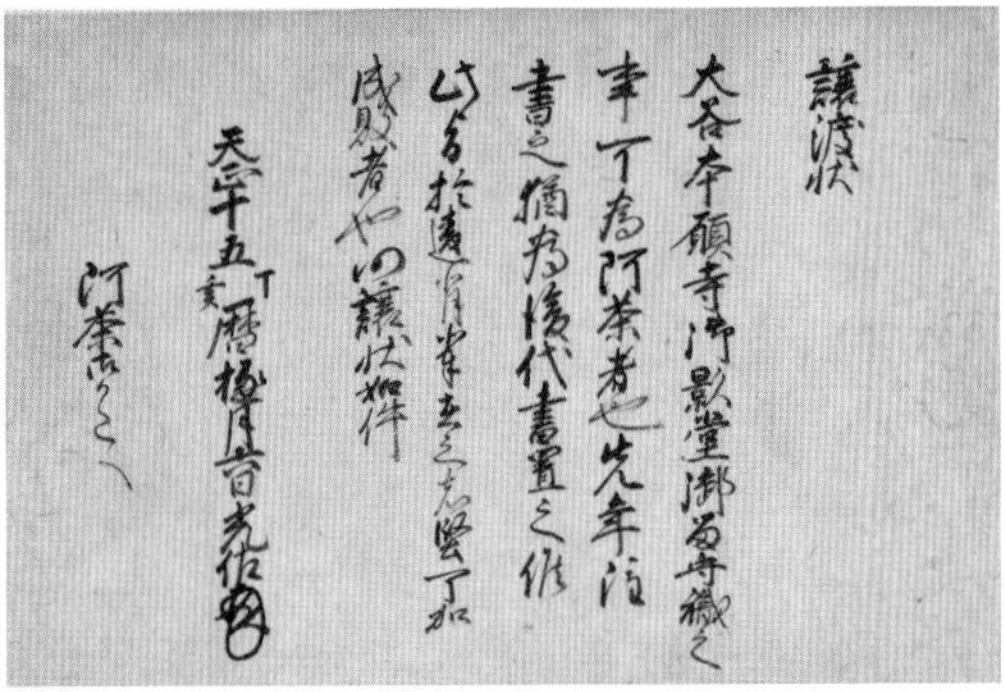
譲渡状
大谷本願寺御影堂留守職之
事可為阿茶者也先年雖
書之猶為後代書置之彼
以之於違背輩者堅可加
成敗者也仍譲状如件
天正十五丁亥暦極月廿日光佐（花押）
阿茶まいる

顕如上人譲状（西本願寺蔵）

に隠退して准如上人に住職を譲るようにと命じたのです。

これによって教如上人は本願寺本坊を弟の准如上人に譲り、東北隅の別の建物に移って「裏方」と呼ばれました。この時、秀吉が教如上人に示した顕如上人の譲状は、以前より偽作《ぎさく》であると言われてきましたが、近年、真筆である可能性が指摘されていて、まだ結論は出ていません。

教如上人は隠退した建物でおとなしくこもっていたかと言えばそうではありませんでした。隠退した翌年には、本願寺住職の専権行為である御影の下付を既に始めており、4年後の1597（慶長2）年にその数は30点にも及んでいます。また隠退後3年目の1596（文禄5）年には大坂渡辺の地に本願寺を建てるべく「大谷本願寺」と刻まれた鐘を鋳造《ちゅうぞう》しています（難波別院蔵）。さらに、1599（慶長4）年には『正信偈・和讃』四帖を開版してもいますが、これも本願寺住職としての意識を示すものでしょう。このように、教如上人は隠退してもなお、本願寺住職としての活動を続けていたのです。

1598（慶長3）年に豊臣秀吉が没すると、徳川《とくがわ》家康《いえやす》が勢力を強めてきます。教如上人はこの家康との関係強化に努めました。そして、1600（慶長5）年に、石田三《いしだみつ》成《なり》が豊臣の遺臣らを糾合《きゅうごう》して家康を攻撃しようと準備していることを、上杉氏

徳川家康像（大阪城天守閣蔵）

討伐のために下野国《しもつけのくに》（栃木県）小山《おやま》に出陣していた家康に伝えるため、見舞いと称して訪問します。上人の話を聞いた家康は、兵を反転させ、東海道を西上して美濃国《みののくに》（岐阜県）の関ヶ原で石田三成軍を撃破しました。いわゆる関ヶ原の合戦です。

これによって教如上人と家康の関係は一層深まり、家康は教如上人にもう一度本願寺の住職に就くようにと勧めます。しかし、教如上人がこれを固辞すると、重臣である本多正信《ほんだまさのぶ》の言をいれて、本願寺とは別の土地を与えて、一寺を建立するよう手配しました。

こうして創建されたのが真宗本廟（東本願寺）です。教如上人は翌1603（慶長8）年には阿弥陀堂を、さらに1604（慶長9）年には御影堂を建立し、上野国《こうづけのくに》（群馬県）厩橋《うまやばし》の妙安寺《みょうあんじ》に伝来した親鸞聖人の御真影を移徙《いし》して、一宗一派の本山としての格式を調えていきました。

教如上人を「東本願寺創立の上人」と仰ぐ由縁であります。

現在の真宗本廟（東本願寺）

第9章
江戸時代から近現代の真宗本廟

明暦《めいれき》・寛文度《かんぶんど》の両堂再建《さいこん》

江戸時代の真宗本廟を特徴づけるのは、巨大な御影堂と阿弥陀堂との両堂建築と、その4度にわたる焼失の歴史と言っていいでしょう。

徳川家康が寄進した烏丸六条の現在地には、当初は西本願寺で教如上人が住んでいた堂を移築した仮御影堂が建てられましたが、１６０３（慶長8）年に阿弥陀堂が、翌１６０４（慶長9）年には御影堂が新造されます。この新御影堂は正面22・5間、側面18間、阿弥陀堂は13間四方であったことが明らかです（京大本「洛中絵図」）。ただし、間数はわかるものの柱間の寸法が明らかではありません。仮に通常の六尺五寸（約1・97米《メートル》）であったとすれば、御影堂は正面44・31米、側面35・45米、阿弥陀堂は25・6米四方で、現在の両堂（御影堂：正面63・63米、側面45・45米、阿弥陀堂：正面39・81米、側面33・81米）と較べると一回り小さな両堂であったと思われます。

この両堂は、１６６１（寛文元）年に親鸞聖人の四百回忌を迎えることをきっかけとして再建されました。御影堂は御遠忌に先立つ１６５８（万治元）年に、阿弥陀堂は御遠忌を終えた後の１６７０（寛文10）年に完成しています。阿弥陀堂はほとんど同じ規模で建てられていますが、御影堂は当初の堂より一回り大きく、かつ現在のような二重屋根をもつ堂として造られており、その規模は現在の御影堂にかなり近づいています。この規模がその後の御影堂の基準となりました（明暦寛文度再建）。

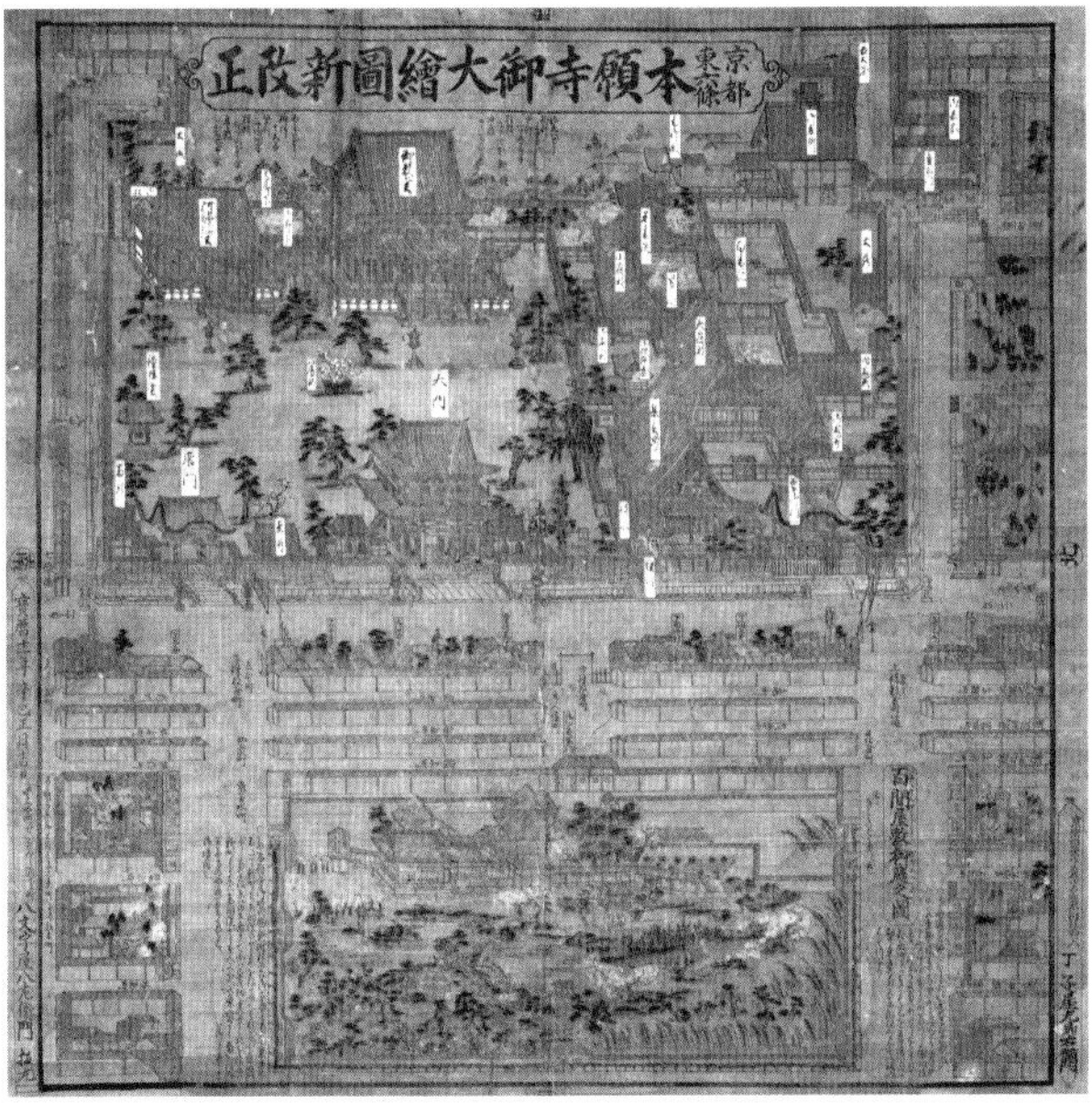
1761（宝暦 11）年東本願寺大絵図

こうして再建された両堂は、江戸時代を代表する真宗本廟の両堂建築であり、特に御影堂は平面積を広げ、二重屋根が採用されたことによって極めて背の高い建築となりました。「都富士《みやこふじ》」と呼ばれたとも言います。

しかし、この巨大な両堂は天明《てんめい》の大火によって焼失してしまいます。１７８８（天明８）年の正月晦日《みそか》朝早く、洛東宮川町の団栗《どんぐり》の辻子《づし》から出火した火は、大風で鴨川の西岸に燃え移り、洛中全体に広がる大火となりました。そして、午後8時頃に両堂や諸殿に火が燃え移り、真宗本廟の建物はほぼ全焼したのです。

両堂の再建と再々の焼失

両堂を始め諸殿を失った真宗本廟は、直ちに再建に取りかかりました。焼失の翌１７８９（寛政元）年に始まるこの再建を「寛政度《かんせいど》再建」と呼んでいます。この再建では、１７９７（寛政９）年に御影堂が、翌年に阿弥陀堂が完成しますが、この時に、再建作

寛政度用材運搬図屏風

業に従事する全国の僧侶や門徒の宿泊所として設置されたのが「詰所《つめしょ》」でした。また、彼らが聴聞する場所として設置されたのが「総会所《そうがいしょ》」であり、両堂再建作業が仏法聴聞とともに行われていたことが明らかとなります。

こうして全国の門徒の尽力によって両堂が再建されたものの、再度の火災が両堂を襲います。1823（文政6）年11月15日の夕刻、寺内より火の手が上がり、両堂や諸殿に燃え移り、翌日までに主要な建物が焼失してしまったのです。

この時も再建作業は比較的短期間に始まりました。御影堂については1828（文政11）年に、阿弥陀堂は1831（天保2）年に開始されています。そして、この再建は、両堂そろって1835（天保6）年に竣工しましたが、再建開始の年号を冠して「文政《ぶんせい》度《ど》再建」と呼ばれています。

こうして再度再建なった両堂も、またまた京都の大火で類焼します。1858（安政5）年6月4日の正午頃に下京の諏訪町通万寿寺上る西側付近から発生した火の手は、翌日にかけて下京の町を延焼していきました。そして、その夕刻には真宗本廟（東本願寺）に到達し、両堂や諸殿が類焼してしまったのです。

この時の再建作業は急がれました。それは、3年後の1861（文久元）年が親鸞聖人の六百回忌に相当していたからです。そこで、焼失の翌日には再建への準備が始まり、建築時間の関係から、諸方の御堂を移築しようと計画されました。御影堂には福井御坊の御堂を、阿弥陀堂には吉田御坊の御堂を、集会所には尾張御坊の食堂を取り寄せるという、御遠忌に向けての仮御堂形式での再建でした。これを、「安政度《あんせいど》再建」と呼びます。

こうして、無事六百回忌は勤められましたが、その疲れもまだ取れていない1864（元治元）年、またもや京都の大火に両堂は類焼するのです。それは、幕末の政治的混乱のなか、京都での主導権を回復しようとした長州藩が、同年7月19日、御所《ごしょ》の蛤御門《はまぐりごもん》付近で会津《あいず》・薩摩《さつま》両藩の兵と争いましたが（蛤御門の変）、その戦火で京都の町が焼き尽くされた

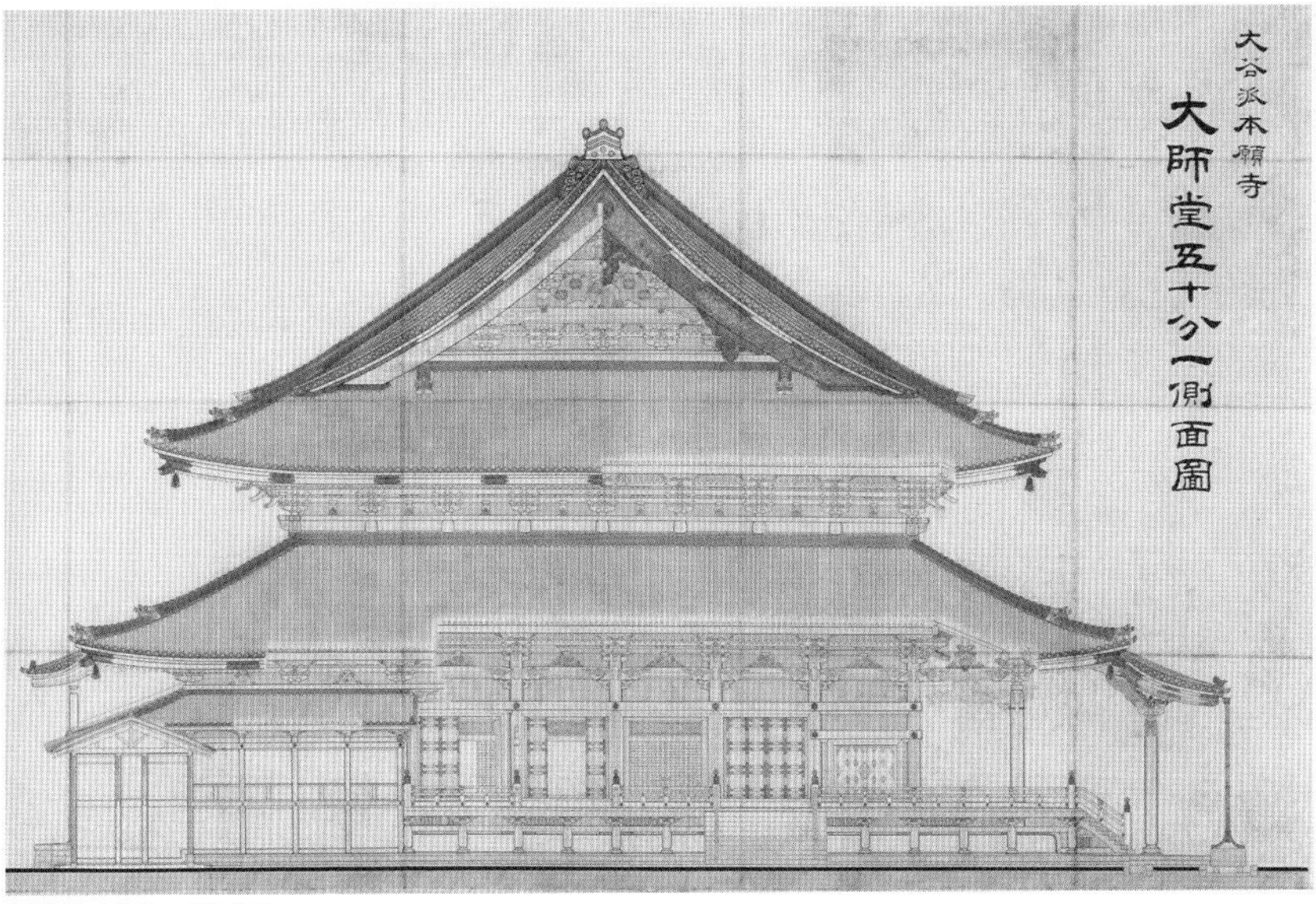

御影堂五十分一側面図

のです。この時の火はなかなか鎮《しず》まらず、7月20日夕刻には真宗本廟に達しました。そして、またもや両堂をはじめとする諸殿を悉《ことごと》く焼き尽くしたのです。

再々の両堂再建や、幕末に多額の献金を朝廷にしたことによる財政的な疲弊、また幕末維新期の多端な政治情勢は、容易に両堂再建を許しませんでした。そして、この度の再建が発示されたのは、明治維新期の動乱が落ち着きを見せはじめる1879（明治12）年のことでした。

明治の両堂再建

1879（明治12）年5月、厳如《ごんにょ》上人により両堂御再建の親諭《しんゆ》（御門首直々のお言葉）が発令されて、再建事業が本格的に動き出しました。親諭発令の5日後には再建事務局が立ち上がり、翌年には御影堂再建の棟梁に伊藤平左衛門《へいざえもん》が、阿弥陀堂再建の棟梁には木子棟斎《きごとうさい》が任命され、再建する両堂の規模や様式が検討されました。そして、御影堂に関しては、文政度再建の御影堂に準じるものの、やや高さを減じ、阿弥陀堂に関しては御影堂とのバランスをとって間口を4割増して建てることになったのです。

同年には、再建のための用材調達が始まり、工作場の用地として七条烏丸西の土地を買い入れ、ここに再建工作場が開設されました。そして、その10月には両堂の釿始《ちょうなはじめ》（起工式《きこうしき》）が行われたのです。翌1881（明治14）年になると、新潟に用材搬出のための木揚場や三河志貴野《しきの》に製瓦場《せいがじょう》が設置され、さらに翌年、両堂建設地の地築《じつき》が始まるなど、両堂再建は順調に進むかに見えました。

しかし、一方では用材搬出に関わる悲劇も起こりました。その代表が尾神嶽《おがみだけ》での大事故です。1883（明治16）年3月、新潟県上越の尾神嶽中腹で、用材運搬に当たっていた人々が、雪崩《なだれ》にあったのです。この時、2000人もの近在の人々が手伝いに参加していましたが、この雪崩によって27名の人が死亡し、50余名の人が負傷しました。この尾神嶽の大事故に代表されるように、再建事業に関わって亡くなった方は、1889（明治22）年までに都合105人、負傷者は292人にものぼりました。

また、再建にかかる大きな問題として経費がありました。真宗本廟の財政は幕末以降改善されたわけではありません。むしろ、明治政府への協力によって厳しくなっていたのです。加えて、再建にかかる門徒の財政的支援は、賦課《ふか》ではなく信施《しんせ》によって行おうとしていましたが、当時はデフレ政策による物価低落や金利低下など経済的な諸問題が生じており、

尾神嶽殉難ジオラマ

明治 28 年両堂竣工法要の庭儀

一般の人々の生活は窮乏《きゅうぼう》していました。信施だけでは再建費用が賄《まかな》えないことから始められたのが「相《そう》続講《ぞくこう》」でした。

1885（明治18）年の報恩講後に、厳如上人による「相続講御発令御親諭書」が発表されました。真宗本廟は財政が困難となり、日々の負債増加により進退きわまると訴え、法義相続《ほうぎそうぞく》と本廟護持《ほんびょうごじ》を訴えました。門徒の僧俗は、よくこれに答えてくれたために、なんとか局面は打開されていきました。そして、御影堂・阿弥陀堂は立柱式《りっちゅうしき》、上棟式《じょうとうしき》と進み、1895（明治28）年に遷仏《せんぶつ》・遷座式《せんざしき》が執り行われて、両堂が竣工《しゅんこう》したのです（明治度再建）。

再建なった両堂では、1898（明治31）年に蓮如上人の四百回忌が勤まり、その後、御影堂門・阿弥陀堂門・菊の門の三大門の再建も始まりました。それも1911（明治44）年に諸殿とともに竣工し、同年には親鸞聖人の六百五十回忌が勤まって、明治の両堂再建事業は一段落したのであります。

真宗本廟両堂等御修復

こうして明治度再建がなった真宗本廟両堂は、戦前から戦後を通じて、全国の門徒に崇敬され護持されて、教法宣布の根本道場としての歩みを進めてきました。しかし、年月が経つとともに、当然の

修復作業の様子［2005年2月］

修復中の外観［2006年7月］

ことながら各所に破損や傷みが生じてきます。そこで、２０１１（平成23）年に迎えられる親鸞聖人の七百五十回忌を前に、その大修復事業が計画されました。

２０００（平成12）年から翌年にかけて、破損状況などの調査が行われ、屋根瓦を始め内陣中柱《なかばしら》等木材の破損や木部接合部の弛《たる》み、また母屋桁《もやげた》の折損《せっそん》や歪《ゆが》み、さらには壁や建具や錺金物《かざりかなもの》などの破損・老《ろう》朽《きゅう》化などが明らかとなりました。

そこで、御影堂については、２００３（平成15）年から２００９（平成21）までの７年間、阿弥陀堂については２０１１（平成23）年から２０１６（平成28）年までの６年間、御影堂門については２０１２（平成24）年から２０１６（平成28）年までの５年間という長期間にわたる修復作業が行われました。そしてその結果、現在見られるような、美しい瓦の屋根と、真新しい金具に飾られた両堂・御影堂門となったのであります。

今回のこの大事業は、全国の真宗門徒が崇敬する帰依処《きえしょ》としての御影堂・阿弥陀堂を修復して、教法宣布の根本道場としての真宗本廟を整備したということが、第一義的な意義であることは言うまでもありません。しかし、同時に日本一の平面積を有する、明治時代の木造建築技術の粋が結集した日本の文化的な建築遺産を、将来にわたって伝えていくという意味でも重要な事業であったのです。

本廟創立七百五十年

奇しくも２０２１（令和３）年は、真宗本廟（東本願寺）の源流である「大谷廟堂」を、覚信尼が関東の親鸞門弟とともに創建してから750年目に相当しています。２０２１年４月１日から行われた春の法要に引き続き、４月５日には「真宗本廟お待ち受け大会・本廟創立七百五十年記念大会」が開催されました。

私ども真宗門徒は、親鸞聖人の遺徳を偲び、その教えに出あっていくところの帰依処《きえしょ》として、この「大谷廟堂」を建てられた覚信尼や関東門弟等の精神に、今後ともに学んでいきたいと思うことであります。

〈付録〉

真宗本廟（東本願寺）年表

西暦	和暦	事項
1262	（弘長2）	親鸞聖人御遷化（90）。鳥部野の北の辺・大谷に埋葬する。
1270	（文永7）	覚如上人誕生。父は覚恵、母は中原氏の娘。
1272	（文永9）	大谷の墳墓を改め、廟堂を建てて親鸞聖人の影像を安置する（大谷廟堂）。
1274	（文永11）	覚信尼、後夫・小野宮禅念から大谷廟堂の敷地を譲られる。
1277	（建治3）	覚信尼、大谷廟堂の敷地を廟堂に寄進する。
1283	（弘安6）	覚信尼、大谷廟堂の沙汰を覚恵に申し付ける。
1287	（弘安10）	覚如上人、上京した如信上人から法義を学ぶ。
1295	（永仁3）	覚如上人、親鸞聖人の生涯を描いた『親鸞伝絵』を制作する。
1296	（永仁4）	覚恵の弟唯善、大谷廟堂に南隣する土地に住む。
1301	（正安3）	唯善、廟堂敷地の管領を企てる。
1302	（正安4）	覚恵、関東門弟と計り関東門弟に廟堂敷地を安堵する院宣を請ける。
1306	（徳治元）	唯善、覚恵に大谷廟堂の鍵の譲与を強要、覚恵は大谷を退去する。
1307	（徳治2）	覚恵示寂（69）。
1308	（延慶元）	関東門弟の使者が上洛、覚如上人と協力して検非違使庁別当宣を請ける。
1309	（延慶2）	覚如上人と関東門弟の使者、唯善と大谷廟堂の管領をめぐって対決。 青蓮院が関東門弟による管領を認める。唯善、鎌倉の常盤へ逐電する。

1310（延慶3）覚如上人、廟堂の留守に就く許可を得るため関東へ赴き、就任する。

1312（正和元）安積門徒の法智の発案で、大谷廟堂に「専修寺」の額を掲げる。

延暦寺の抗議によって撤去。

1321（元亨元）「本願寺親鸞上人門弟等愁申状」に始めて「本願寺」号が見られる。

1332（元徳4）覚如上人、奥州大網で如信上人の三十三回忌を営む。

1337（建武4）覚如上人、『改邪鈔』を著し、「三代伝持の血脈」を主張する。

1344（康永3）覚如上人、「禁制六箇条」を定め、京都の他には本寺はないと述べる。

1351（観応2）覚如上人示寂（82）。

1357（延文2）本願寺に勅願寺の綸旨が下る。

1375（永和元）善如上人、綽如上人に譲状を書く。

1390（明徳元）尭雲の書いた勧進状を持って、綽如上人越中井波瑞泉寺を建立。

1406（応永13）この頃、綽如上人の三男・周覚が越前荒川に興行寺を建てる。

1409（応永16）この頃、綽如上人の次男・頓円が越前藤島に超勝寺を建てる。

1413（応永20）近江本福寺法住が本願寺に参詣し、「さびさび」としていたと記録する。

1415（応永22）蓮如上人誕生。父は存如上人、母は存如上人の母に仕えた人と伝える。

1420（応永27）蓮如上人の生母、本願寺を去る。

1438（永享10）本願寺が御影堂・阿弥陀堂の両堂形式となる。

1457（長禄元）存如上人が示寂し（62）、蓮如上人が留守職を継承する。

1465（寛正6）延暦寺衆徒が大谷本願寺を破却する（寛正の法難）。

1471（文明3）蓮如上人、越前吉崎に坊舎を建立する。

西暦和暦	事項
1474（文明6）	吉崎御坊が焼失する。
	文明の加賀一向一揆が起こる。
1475（文明7）	再度一揆が起こり、蓮如上人は吉崎を退出し、河内出口にいたる。
1480（文明12）	蓮如上人、山城山科に本願寺を再建する。
1481（文明13）	仏光寺経豪が本願寺教団に参入する。
1482（文明14）	毫摂寺・証誠寺善鎮が本願寺教団に参入する。
1488（長享2）	加賀一向一揆が加賀守護の富樫政親を自害させる。
1489（延徳元）	蓮如上人、留守職を実如上人に譲って隠居する。
1493（明応2）	錦織寺勝恵が本願寺教団に参入する。
1497（明応6）	蓮如上人、摂津国大坂に坊舎を建立する。
1499（明応8）	蓮如上人示寂（85）。
1504（永正元）	永正年間に山科本願寺に土塁が建設される。
1506（永正3）	細川政元、畠山との戦いに摂津・河内門徒の合力を求める。
1514（永正11）	実如上人、清彦親王の得度費用を進上して香袈裟の着用を許可される。
1518（永正15）	実如上人、同じく受戒費用を進上し、紫袈裟の着用を許される。
	また、北国に「三箇条の掟」を出す。
1519（永正16）	実如上人、一門一家の制を定める。
1528（享禄元）	証如上人、直叙法眼に任じられる。
1532（天文元）	京都の法華宗徒と近江の六角定頼により山科本願寺が焼かれる。
1533（天文2）	証如上人、大坂坊を本願寺と定める。

1538（天文7）本尊の両脇に後奈良天皇の寿牌と後柏原天皇の位牌を安置する。

1540（天文9）証如上人、紫衣の着用を許可される。

1549（天文18）証如上人、権僧正に任じられる。

1559（永禄2）本願寺が門跡寺院に補せられる。

1561（永禄4）親鸞三百回忌が厳修される。

1570（元亀元）織田信長との石山合戦が始まる。

1574（天正2）伊勢長島の一向一揆が信長軍により殲滅する。

1575（天正3）越前一向一揆が信長軍により殲滅する。

1577（天正5）紀伊雑賀一揆が信長の軍門に降る。

1580（天正8）正親町天皇の仲裁により、織田信長と本願寺が和睦する。

顕如上人退去後、教如上人が4ヵ月弱籠城を続ける。

1591（天正19）豊臣秀吉から寺地の寄進を受けて、堀川七条に移転する（西本願寺の地）。

1592（文禄元）顕如上人示寂（50）。教如上人、留守職を継職する。

1593（文禄2）教如上人、豊臣秀吉の命により弟の准如上人に跡を譲って隠退する。

1596（文禄5）教如上人、大坂渡辺で大谷本願寺を建てる。

1599（慶長4）教如上人、『正信偈』『三帖和讃』を開版する。

1600（慶長5）教如上人、石田三成の謀反を関東の徳川家康に知らせる。

1602（慶長7）教如上人、徳川家康から烏丸六条の寺地寄進を受ける（東西分派）。

1603（慶長8）上野厩橋妙安寺の親鸞聖人御影像が東本願寺に移徙される。

東本願寺阿弥陀堂が建設される。

西暦	和暦	事項
1604	(慶長9)	東本願寺御影堂が建設される。
1611	(慶長16)	親鸞三百五十回忌が厳修される。
1614	(慶長19)	教如上人示寂(57)。
1618	(元和4)	御影堂、阿弥陀堂の修復がなる。
1641	(寛永18)	宣如上人、徳川家光から東洞院通以東六条七条の間の土地を加増される。
1658	(万治元)	御影堂が再建される(明暦寛文度再建)。
1661	(寛文元)	親鸞四百回忌が厳修される。
1670	(寛文10)	阿弥陀堂が再建される(明暦寛文度再建)。
1711	(正徳元)	親鸞四百五十回忌が厳修される。
1761	(宝暦11)	親鸞五百回忌が厳修される。
1788	(天明8)	天明の京都大火により両堂・諸殿が焼失する。
1797	(寛政9)	御影堂が再建される(寛政度再建)。
1798	(寛政10)	阿弥陀堂が再建される(寛政度再建)。
1811	(文化8)	親鸞五百五十回忌が厳修される。
1823	(文政6)	山内より出火し、両堂・諸殿が焼失する。
1835	(天保6)	両堂が再建される(文政度再建)。
1858	(安政5)	安政の京都大火により両堂・諸殿が焼失する。
1860	(万延元)	仮両堂が再建される(安政度再建)。
1861	(文久元)	親鸞六百回忌が厳修される。
1864	(元治元)	蛤御門の変の戦火により両堂・諸殿が焼失する。

１８７９	（明治12）	厳如上人、両堂建立の親諭を発示する。再建事務局が開設される。
１８８０	（明治13）	両堂再建の棟梁に伊藤平左衛門と木子棟斎を任命する。
		両堂の起工式が行われる。
１８８１	（明治14）	両堂の地築が始まる。
１８８３	（明治16）	越後の尾神嶽で用材運搬中に雪崩事故が発生する。
１８８４	（明治17）	御影堂の立柱式が行われる。
１８８５	（明治18）	相続講の制度が発足する。
１８８９	（明治22）	御影堂の上棟式が行われる。
１８９０	（明治23）	阿弥陀堂の立柱式が行われる。
１８９２	（明治25）	阿弥陀堂の上棟式が行われる。
１８９５	（明治28）	両堂が再建される（明治度再建）。
１８９７	（明治30）	琵琶湖疏水から防火用水工事が完成する。
１８９８	（明治31）	蓮如四百回忌が厳修される。
１９１１	（明治44）	御影堂門・阿弥陀堂門・菊の門が竣工する。
		親鸞六百五十回忌が厳修される。
１９２３	（大正12）	立教開宗七百年記念法要が厳修される。
１９４９	（昭和24）	蓮如四百五十回忌が厳修される。
１９６１	（昭和36）	親鸞七百回忌が厳修される。
１９６２	（昭和37）	同朋会運動発足。
１９７３	（昭和48）	親鸞聖人御誕生八百年・立教開宗七百五十年慶讃法要が厳修される。

西暦和暦	事項
１９８１（昭和56）	新『真宗大谷派宗憲』発布。
１９９８（平成10）	蓮如五百回忌が厳修される。
２００１（平成13）	真宗本廟両堂等御修復委員会が発足する。
２００３（平成15）	御真影動座式が行われる。
２００４（平成16）	御影堂御修復起工式が行われる。
２００９（平成21）	御影堂の修復がなる。
	御真影還座式が行われる。
	御影堂御修復完了奉告法要が勤まる。
２０１１（平成23）	親鸞七百五十回忌が厳修される。
	御本尊動座式が行われる。
２０１２（平成24）	阿弥陀堂・御影堂門御修復起工式が行われる。
２０１６（平成28）	阿弥陀堂・御影堂門の修復がなる。
	御本尊還座式が行われる。
	阿弥陀堂御修復完了奉告法要が勤まる。
	真宗本廟両堂等御修復完了奉告法要が厳修される。
２０２１（令和３）	真宗本廟お待ち受け大会・本廟創立七百五十年記念大会が開催される。

あとがき

２０２１（令和３）年は、真宗本廟（東本願寺）が創建されて７５０年という記念すべき年に相当しました。そして同年４月１日から厳修された春の法要に続いて、「真宗本廟お待ち受け大会・本廟創立七百五十年記念大会」が開催されたのです。

この記念すべき法会を迎えるに当たって、真宗本廟の創建の意義と、その歴史的な歩みを確認するために、東本願寺出版の月刊誌である『同朋』に、「本廟創立と東本願寺の歴史―その時代と教えの伝統」を８回に分けて連載いたしました。

第１回目の「親鸞聖人の示寂と大谷廟堂の創建」（２０２０年７月号）に始まり、第８回目の「石山合戦と東西分派」（２０２１年２月号）で終わるその連載では、１２７２（文永９）年の廟堂創建から１６０２（慶長７）年の東西分派までの、３３０年の真宗本廟の歴史をたどることができました。

今回、この連載を一冊の書籍『本願寺の軌跡《ものがたり》―創建から東西分派、そして現代へ―』にまとめるに当たって、東西分派以降、現在に至る真宗本廟の歩みを追加することとなりました。ただ、さまざまな事情から連載１回分程の分量で済ませることといたしました。東西分派から現代に至るまでには、２６５年にわたる江戸時代があり、明治時代に入ってからでも１５０年余りという、長い時間が経過しています。

その間には、さまざまな出来事が真宗本廟には起こっておりますから、それを１回分で全て叙述することはとうてい出来ません。そこで、ここでは真宗本廟の象徴ともいうべき御影堂と阿弥陀堂の推移について述べるに留めました。第１章から第８章までに較べて、第９章が両堂のことだけの叙述となっているのはこうした理由からです。

江戸時代、そして明治時代から令和の現代に至るまでの真宗本廟の歴史と教えの伝統につきましては、別の機会に述べることが出来ればと考えております。

２０２１年８月

草野顕之

草野顕之（くさの・けんし）

1952年福岡県生まれ。大谷大学名誉教授。博士（文学）。真宗大谷派嗣講。専門は、日本仏教史学。著書に『戦国期本願寺教団史の研究』（法藏館）、『真宗教団の地域と歴史』（清文堂出版）、『親鸞聖人の伝記―『御伝鈔』の世界―』『『改邪鈔』史考』（共に東本願寺出版）など多数。

本願寺《ほんがんじ》の軌跡《ものがたり》

―創建《そうけん》から東西分派《とうざいぶんぱ》、そして現代《げんだい》へ―

2021（令和3）年10月10日　第1刷　発行

著者　草野顕之
発行者　但馬　弘
発行所　東本願寺出版（真宗大谷派宗務所出版部）
〒600-8505 京都市下京区烏丸通七条上る
TEL 075-371-9189（販売）
075-371-5099（編集）
FAX 075-371-9211

印刷・製本　シナノ書籍印刷株式会社
装訂　株式会社ザイン

ISBN978-4-8341-0637-4　C0021